La santé
par les vinaigres

P Fortin Couture

Céline Trégan

La santé par les vinaigres

Conception graphique et mise en page : David Savard, Réaktion
Photographies couverture et recettes : Tango Photographie
Styliste : Véronique Gagnon-Lalanne
Autres photographies : Claude Charlebois et Julie Léger
Révision : Anne-Marie Bérubé

Collection sous la direction de Antoine Ross Trempe

Distribution :
Messagerie de presse Benjamin
101 Rue Henry-Bessemer
Bois-Des-Filion, Québec, Canada, J6Z 4S9
Téléphone : 450-621-8167

Nous reconnaissons avoir reçu l'aide financière du gouvernement du Canada par l'entremise du Programme d'aide au développement de l'industrie de l'édition (PADIÉ) pour nos activités d'édition ainsi que celle du gouvernement du Québec - Programme de crédits d'impôts pour l'édition de livres et Programmes d'aide à l'édition et à la promotion - Gestion SODEC.

Patrimoine canadien | Canadian Heritage

Société de développement des entreprises culturelles
Québec
• Ministère de la Culture et des Communications

ISBN : 978-2-920943-29-2

Dépôt légal – Bibliothèque Nationale du Canada, 2008
        Bibliothèque Nationale du Québec, 2008

Les Éditions Cardinal
10-38, Place du commerce, Division 538
Île-des-Sœurs, Québec, Canada, H3E 1T8

Imprimé en Chine
1ère impression

Céline Trégan

La santé par les vinaigres

LES ÉDITIONS
CARDINAL

Table des matières

1ère PARTIE : LE VINAIGRE   13

Le vinaigre, vieux comme le monde   15

• La légende des perles de Cléopatre 15
• Le vinaigre, vieux comme le monde 16
• Le vinaigre, une boisson désaltérante? 17
• Le vinaigre en cuisine, le goût médiéval pour l'aigre-doux 18
• La corporation des vinaigriers-moutardiers 20
• La légende des Quatre voleurs 21

Qu'est-ce que le vinaigre?   23

• La nature biochimique du vinaigre 23
• Du vin au vinaigre 23

Les différents types de vinaigres   25

• Le vinaigre de vin 25
• Le vinaigre de Reims 26
• Le vinaigre d'Orléans 26
• Le vinaigre balsamique 26
• Le vinaigre de xérès 27
• Le vinaigre de Banyuls 28
• Le vinaigre de bière ou de malt 28
• Le vinaigre de riz et d'Orient 29
• Le vinaigre de cidre de pommes 30
• Le vinaigre de bleuets 31
• Le vinaigre de sève 31
• Le vinaigre de Toddy 32
• Le vinaigre blanc pur 33

Découvrez ces délicieuses recettes pour apprécier les différents types de vinaigres   35

- Le vinaigre de vin 35
- Le vinaigre balsamique 36
- Le vinaigre de cidre de pommes 37
- Le vinaigre de xérès 38
- Le vinaigre de riz et d'Orient 38

2ᵉ PARTIE : FICHE PRATIQUES   41

La santé par le vinaigre   43

- Les multiples vertus du vinaigre de cidre de pommes 44
- La cure au vinaigre 52
- Le vinaigre de riz et la santé 55

La beauté par le vinaigre   57

- Trucs et conseils beauté 57
- Peau 57
- Cheveux 60
- Corps 63
- Les vinaigres parfumés 65

Du vinaigre pour toute la maison   69

- Nettoyer 70
- Dans la cuisine 72
- Dans le salon et les chambres 77
- Dans la salle de bains 78
- Dans la buanderie 80
- Dans le jardin 82
- Trucs divers 84

3ᵉ PARTIE : RECETTES DÉLICIEUSES 87

Porc 89

- Jambon glacé au vinaigre de cidre 91
- Rôti de porc au vinaigre de cidre 92
- Carré de porc aux poires et au vinaigre 95
- Filets de porc au vinaigre balsamique 97
- Porc Vindaloo au balsamique blanc 98

Poissons et fruits de mer 101

- Huîtres à la coriandre et au vinaigre de riz 103
- Huîtres au vinaigre blanc et au pastis 105
- Huître au vinaigre de Champagne 106
- Huître à la sauce soja et au vinaigre balsamique 107
- Filets de truite « Express » 108
- Darnes de saumon parfumés à la limette 110
- Saumon au vinaigre d'érable 112

Volailles et gibiers 115

- Poulet à l'origan et aux olives 117
- Poulet caramélisé aux poivrons 118
- Poulet Sichuan aux nectarines et au vinaigre balsamique 120
- Rouleaux frais à la coriandre, au gingembre, l'ail et au poulet 123
- Poulet grillé au vinaigre balsamique et à la fleur de sel 124
- Poulet à la sauge glacé au vinaigre balsamique 125
- Pennines au poulet et aux poivrons 126
- Lapin aux pruneaux et à la bière 129
- Magrets de canard aux zestes d'agrumes 130
- Magrets de canard au vinaigre de xérès 132

Veau et bœuf   135

- Foie d veau au vinaigre de xérès 137
- Braisé de bœuf à la mexicaine 139
- Émincé de bœuf aux chanterelles et au vinaigre de framboises 140
- Escalopes de veau « balsamique » aux champignons portobello 143
- Médaillons de veau au marsala et au vinaigre balsamique sur BBQ 145
- Foie de veau au vinaigre balsamique et aux pignons de pin 146
- Foie de veau au vinaigre de framboises 148

Plats végétariens et accompagnements   151

- Soupe-repas « express » 153
- Gaspacho délicieuse 155
- Sauté de haricots verts 156
- Pommes de terre farcies à la ricotta et gratinées au cheddar 158
- Champignons en boutons 161
- Pâtes balsamiques au fenouil et bettes à cardes 162
- Amuse-gueule à la poire et au roquefort 165
- Salsa aux haricots noirs 166

Salades et vinaigrettes   169

- Salade de chou aux herbes fraîches 171
- Salade de pommes de terre rouges 172
- Salade césar « express » 173
- Salade de poulet et sa vinaigrette au cari 175
- Salade de poires et d'épinards 176
- Salade à l'italienne 178
- Salade de céleri-rave 179
- Salade de légumineuses 180
- Vinaigrette citron-dijon 180
- Salade de betteraves et d'endives 183
- Salade d'été de concombre et de mangue 184
- Salade de pâtes au yogourt 186
- Salade de poulet et d'ananas 187
- Salade campagnarde 188

- Salade marocaine *190*
- Salade de thon et d'avocats *192*
- Vinaigrette ancestrale de base *193*
- Vinaigrette au bleu *193*
- Vinaigrette au miel et à la moutarde *195*
- Vinaigrette au pamplemousse *195*
- Ketchup « express » *196*

Préparer son vinaigre soi-même *199*

- Vinaigre à la ciboulette *201*
- Vinaigre aux aromates *202*
- Vinaigre aux agrumes *203*
- Vinaigre aux herbes fraîches *204*
- Vinaigre à l'estragon *205*
- Vinaigre à l'échalote *205*
- Vinaigre balsamique au chili et aux piments jalapeños *206*
- Vinaigre à l'ancienne aux pétales de souci *207*
- Vinaigre à l'ancienne aux pétales de roses *208*
- Vinaigres aux framboises *209*

INDEX *211*

1ère PARTIE

Le vinaigre

Le vinaigre, vieux comme le monde

La légende des perles de Cléopâtre

La légende raconte que Cléopâtre avait deux perles gigantesques, héritées des rois d'Orient. Au temps où son invité, le général romain Marc Antoine se gavait quotidiennement de mets choisis, Cléopâtre, dédaigneuse et hautaine, dénigrait souvent la somptuosité de ces agapes. Un jour, Marc Antoine lui demanda ce qui pouvait bien être ajouté à la magnificence de sa table pour qu'elle daigne s'y asseoir. Cléopâtre affirma qu'elle accepterait de partager son dîner si elle pouvait avaler dix millions de sesterces en un seul repas… Médusé par cette demande, Marc Antoine s'écria que la chose était impossible.

La reine paria alors avec le général romain qu'en un seul dîner de fête, elle engloutirait les dix millions de sesterces promis. Sceptique, le romain accepta immédiatement le pari. Le lendemain, elle fit servir à Marc Antoine un dîner somptueux. Au second service, les serviteurs placèrent devant Cléopâtre un seul vase, rempli de vinaigre. Portant à ses oreilles les deux perles, la reine en détacha une et la plongea dans le liquide. Lorsqu'elle fut dissoute, elle l'avala d'un trait.

Marc Antoine était vaincu.

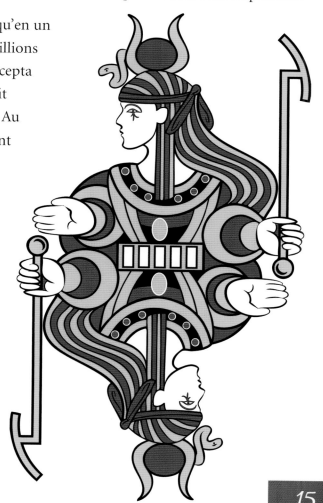

Le vinaigre, vieux comme le monde

Déjà il y a plus de 2000 ans, de nombreux écrits de l'Antiquité faisaient mention du vinaigre comme d'un liquide bien connu. Certains passages de la Bible notamment montrent que les Hébreux connaissaient ses propriétés, dont celles de dissoudre le calcaire. Le vinaigre de miel par exemple, dérivé de l'hydromel, était déjà bien connu à cette époque. La légende raconte que Hélène de Troie, femme mythique de Tyndare, le roi de Sparte, prenait des bains de vinaigre pour se relaxer.

C'est d'abord et avant tout pour son efficacité thérapeutique, antiseptique, astringente et rafraîchissante que le vinaigre est utilisé dans l'Antiquité. Hippocrate lui-même, dès l'an 400 av. J.-C., le prescrivait à ses patients. Il recommandait le vinaigre comme sédatif en cas de piqûres d'insectes, d'inflammations, de fièvre ou d'hémorragies. Le célèbre médecin grec prescrivait aussi des boissons à base de vinaigre à ses patients de la Grèce antique. Caton l'Ancien écrit dans son traité d'agriculture que la rémunération en nature des cueilleurs d'olives comportait une « allocation en vinaigre ». L'homme d'État romain traitait plusieurs maladies avec le chou et le vinaigre : « si, dans un repas vous désirez boire largement et manger avec appétit, mangez d'abord des choux crus confits dans le vinaigre. »

Le vinaigre fut fort probablement le premier médicament antibactérien de l'histoire. Les Babyloniens avaient découvert que le vinaigre ralentissait l'action des bactéries qui faisaient pourrir les aliments et s'en servaient comme agent de conservation, condiment et assaisonnement. Les Chinois utilisaient le vinaigre de riz dès le 2ᵉ millénaire av. J.-C. et aussi bien pour nettoyer que pour assaisonner les plats. L'Inde connaît également le procédé de fabrication du vinaigre de sève de palmier ou du sagou[1] depuis des temps très lointains.

---

1   *Le sagoutier est un palmier cultivé dans les régions intertropicales.*

Le vinaigre, une boisson rafraîchissante ?

Dans l'Antiquité romaine, la posca était un vin amer composé de vinaigre allongé d'eau et parfois adouci de jaune d'œuf. À l'origine, à cause des mauvaises conditions de conservation, ce vin se transformait en vinaigre. La posca était donnée aux esclaves, au peuple et aux légionnaires. Coupée d'eau, elle était très appréciée puisqu'elle étanchait efficacement la soif. Quand un soldat en donnait à un supplicié agonisant, il lui proposait simplement ce qu'il buvait au quotidien, un geste de charité et non un mauvais traitement infligé au condamné. Les soldats romains ont donc tendu de la posca à Jésus sur sa croix. « Après quoi, sachant que désormais tout était achevé pour que l'Écriture fût parfaitement accomplie, Jésus dit : « J'ai soif ». Un vase était là, rempli de vinaigre. On mit autour d'une branche d'hysope une éponge imbibée de vinaigre et on l'approcha de sa bouche. »

Scribonius Largus, sous le règne de Claude, se vante des recettes qu'il a rassemblées dans ses *Compositiones*. Il décrit un *dentifricium* qui rend les dents d'un blanc brillant et les fait bien tenir, comportant farine d'orge, vinaigre, miel brûlé, sel minéral et huile de nard[2].

Pendant l'Antiquité romaine, le repas traditionnel commençait généralement par des œufs et se terminait par des fruits. Les fruits étaient aussi fréquemment utilisés dans les plats salés, en association avec le garum[3] et le vinaigre : les Romains aimaient les saveurs aigres-douces. En Palestine, l'eau mêlée de vinaigre était une boisson recherchée. Le Cantique des cantiques parle d'ailleurs de vin « vieilli, mêlé d'aromates et du moût des grenades ». Les travailleurs des champs de Palestine buvaient, eux aussi, du vinaigre mêlé d'eau pour y tremper leur pain, dans les grandes chaleurs.

---

2   *Provenant du Nord de l'Inde, l'huile essentielle de nard est utilisée pour ses propriétés thérapeutiques et sa fragrance depuis l'Antiquité. Plante aromatique de la même famille que la valériane.*

3   *Sauce à base de poisson*

Chez les Grecs, on versait un trait de vinaigre dans l'eau pour en éliminer les impuretés et la rendre rafraîchissante. À table, on y trempait son pain ou on s'en servait pour assaisonner les plats. On considérait l'eau vinaigrée plus digestive que l'eau pure et on appréciait le vinaigre pour ses vertus thérapeutiques, d'où son emploi contre « les miasmes » et plus tard contre la peste.

L'historien Tite-Live rapporte l'épisode fameux du franchissement des Alpes par Hannibal à la mi-octobre de 218 av. J.-C. Alors qu'Hannibal constate que la route des Alpes qu'il veut emprunter pour se rendre en Italie est impraticable, il ordonne à ses soldats d'abattre de grands arbres et de faire un grand bûcher. Un vent violent se lève alors et le feu allumé finit de chauffer la pierre du chemin sur lequel Hannibal aura l'idée de faire verser du vinaigre pour en désagréger la pierre

Le vinaigre en cuisine : le goût médiéval pour l'aigre-doux

À la période médiévale, la peste vient régulièrement frapper une population affaiblie par la crise économique et les guerres. Les médecins proposent un régime interdisant les épices, dont on dit que le caractère échauffant favorise la corruption des humeurs, et recommandent le vinaigre « à toutes les sauces » : en bain de bouche, en instillation nasale, sur une éponge placée devant les narines, et dans l'assaisonnement des plats.

Durant cette période, on élabore des sauces à base de vinaigre ou de verjus[4] et des produits comme la moutarde qui relèvent le goût des aliments. La cuisine française du XIVe siècle se distingue par un goût très affirmé pour l'acidité. Environ 70 % des recettes françaises comprennent des ingrédients acides : vin, vinaigre, verjus, groseilles, etc. De nombreuses sauces sont violemment acides, telle la sauce verte[5] par exemple, qui se composait de « *pain, persil, gingembre, de verjus ou vinaigre* », utilisés à fortes doses. La cuisine médiévale aime également

---

4   *Le verjus est un suc extrait par pressage à froid de grains de raisins récoltés immatures à l'automne ou franchement encore verts. C'était un fond acide préparé par macération d'épices, de fines herbes, de jus de citron, de jus de raisin vert ou d'oseille.*

5   *La sauce verte est une sauce de base dans laquelle on retrouve des fines herbes hachées (échalotes, cerfeuil, cresson, estragon, épinards, persil etc.) qu'on mélange à une mayonnaise. Différentes versions existent.*

l'aigre-doux que l'on compose à l'époque avec du sucre, du miel ou des fruits que l'on laisse « vieillir ».

Mais, paradoxalement, la conservation des aliments fait des progrès : on sait « confire » dans le sucre ou le miel, le sel ou le vinaigre. Dès le XVe siècle, avec l'apparition du sucre dans les recettes, la saveur douce vient concurrencer la saveur forte (épices) et la saveur acide (vinaigre).

Au XVIIe siècle apparaissent sur les tables les « marinades » au vinaigre, dont les plus emblématiques sont les cornichons et les conserves vinaigrées de sardine ou de thon. On utilisait des substances naturelles comme le sel, le vinaigre et même le salpêtre pour conserver la viande et certains légumes. C'est avec la production de concombres et de cornichons dans le vinaigre, fort prisés dans la cuisine indienne, que se répandra le concombre dans l'ensemble du monde occidental. À l'inverse, certaines régions d'Inde ont été influencées par les pays colonisateurs, notamment l'État indien de Goa qui a été un territoire portugais pendant des siècles (jusqu'en 1961). On y faisait venir la viande par bateau depuis le Portugal, enfermée hermétiquement dans des fûts en bois et plongée dans un mélange de vinaigre (ou de vin blanc), d'ail, de laurier et de paprika qui permettait sa conservation pendant le long voyage. Sur place, elle était cuisinée avec les épices locales : ainsi est né par exemple le porc Vindaloo[6].

---

6   *Le mot « vindaloo » vient de « vinha d'alhos », la marinade de base de la cuisine portugaise (vin blanc, ail, laurier et paprika).*

La corporation des vinaigriers-moutardiers

Le vinaigre est tellement populaire au Moyen-âge que sa fabrication devient un métier en soi et une petite industrie se structure autour de lui. En France, comme en Italie et en Espagne, les vinaigriers-moutardiers se rassemblent en une corporation à laquelle on ne peut appartenir qu'après avoir juré solennellement de ne jamais révéler les secrets du métier. Créée en 1394, la corporation des vinaigriers d'Orléans possède le monopole de la fabrication et du commerce des vinaigres, verjus et moutardes[7]. Dès 1580, Henri III ordonne par lettres patentes que la profession de vinaigrier-moutardier soit « métier juré en la ville et ses faubourgs », d'où la mise au point de procédés de fabrications soigneusement élaborés.

Mais jusqu'au XVIIe siècle, le vinaigre est sous-produit de la production de vin et de bière. La ville d'Orléans était un grand port fluvial et la moitié du vinaigre français y était produit bien que la ville ne fut pas au cœur d'un vignoble. Le transport en fûts des vins d'Angers et de Touraine par bateaux sur la Loire à destination de Paris était ralenti par les variations du débit du fleuve et les naufrages. Les vins tourangeaux et angevins transitant par ce lent et houleux voyage tournaient souvent aigres à cause de la chaleur et des conditions de navigation, n'arrivaient pas toujours en bon état au port d'Orléans. Tranquillement, la production migra vers la ville de Dijon où Jean Naigeon définit la recette de la moutarde forte en substituant le vinaigre au verjus (raisins verts et acides). La fameuse moutarde de Dijon était née ! Préparée à partir de graines décortiquées de moutarde noire mélangées à du vinaigre de vin blanc et à des aromates, elle fut l'objet d'un décret qui en protégea la fabrication, le 10 septembre 1937.

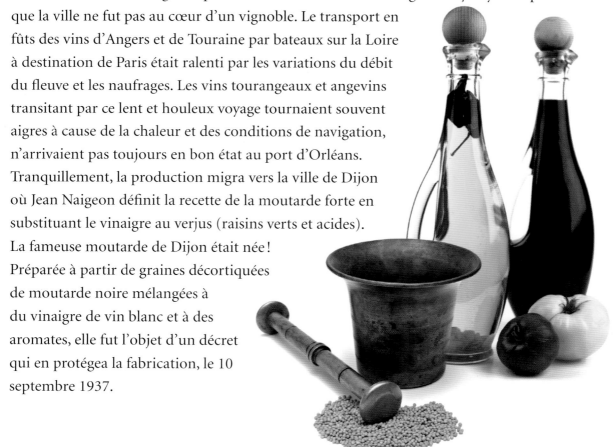

---

7 *Les Chinois ont été les premiers, il y a 3000 ans, à broyer les graines de moutarde et à les mélanger à un suc acide extrait du raisin, le verjus, pour fabriquer un condiment : la moutarde. Mais c'est lors des fastueuses fêtes du Rouvre offertes par les ducs de Bourgogne que la ville de Dijon est associée à la moutarde, synonyme alors de richesse et de raffinement.*

La légende des Quatre voleurs

Une légende raconte qu'en 1720, alors que les officiels de la ville sont impuissants devant l'ampleur des ravages de la peste (qui décimera plus du tiers de sa population), Marseille est pillée par quatre voleurs sans scrupules qui semblent être immunisés contre la maladie, ce qui leur permet d'entrer dans les maisons et de détrousser les victimes de l'épidémie. Lorsqu'ils sont finalement appréhendés, le juge leur offre une sentence plus clémente en échange du secret les ayant mis à l'abri de la contagion de ce mal redoutable. Soumis à la torture, ils finissent par avouer qu'ils boivent quotidiennement un vinaigre de leur composition et se frictionnent le corps, les mains et le visage pour se protéger. Par mansuétude et compte tenu de leurs aveux, ils sont pendus au lieu d'être brûlés vifs! La recette est ensuite publiée et recommandée à la population. On porte alors sur la bouche une éponge imprégnée du vinaigre dit « des Quatre voleurs ».

Les qualités dermatologiques et antiseptiques reconnues du « Vinaigre des Quatre voleurs » pour lutter contre les maladies contagieuses lui ont d'ailleurs permis d'être répertorié au « Codex » dès 1748 et vendu en pharmacie comme antiseptique d'usage externe jusqu'en 1937. « Le *parfumage* joue un rôle

Recette (probable) du vinaigre « des quatre voleurs »

- 20 g de romarin
- 20 g de lavande
- 20 g de sauge
- 20 g de thym
- 20 g de menthe
- 20 g d'absinthe
- 20 g de rue
- 30 g de cannelle
- 30 g d'acore vrai
- 30 g de girofle
- 30 g d'ail
- 5 g de camphre

Mettre le tout dans 1.5 litre de vinaigre de cidre, laisser macérer durant 10 jours et filtrer. Conserver au frais et à l'abri de la lumière.

essentiel dans la prévention comme dans les soins », peut-on lire dans les textes des règlements contre la peste.[8] Dès lors, on prend l'habitude de se frotter le visage et les mains avec du vinaigre, car sa fraîcheur acide et très odorante assainit, purifie et dissimule l'odeur de putréfaction causée par la peste.

Antoine-Claude Maille se considère, quant à lui, l'inventeur du vinaigre des Quatre voleurs. La chronique rapporte que « le sieur Maille invente le vinaigre des Quatre voleurs dont les propriétés antiseptiques sauvèrent la vie à de nombreux habitants qui, par son emploi, parvinrent à éviter la contagion ». Quoi qu'il en soit, c'est à la seconde génération que la réputation de la Maison Maille grandit véritablement, surtout grâce aux vinaigres de toilette. À cette époque, la Maison Maille fabrique jusqu'à deux cents vinaigres de toilette ou aromatisés. Au XVIIe siècle, en Europe et en Angleterre, le vinaigre sert d'ailleurs d'abord de désodorisant : les citoyens portent à leur nez des éponges trempées dans du vinaigre pour atténuer les odeurs d'égouts dans les rues. Les femmes gardent des éponges vinaigrées dans de petites boîtes en argent et les hommes les transportent dans leurs bâtons de marche. La puissante Marine britannique utilise même du vinaigre pour conserver les aliments lors de ses longs voyages en mer et pour nettoyer les ponts de ses navires.

---

8 *http : www.bium.univ-paris5.fr/histmed/medica/peste.htm*

Qu'est-ce que le vinaigre ?

La nature biochimique du vinaigre

En 1730, Hermann Boerhaave, un chimiste allemand, démontre la différence entre la fermentation spiritueuse (transformations des sucres en alcool), la fermentation acétique (transformation de l'alcool en vinaigre) et la fermentation putride (putréfaction du vin). Un autre Allemand, Georg Ernst Stahl, réussit à définir le rôle de l'alcool dans la fermentation acétique. Puis, un botaniste hollandais du nom de Christiaan Hendrik Persoon découvre en 1822 l'*acétobacter*, le micro-organisme responsable de la fermentation. Croyant à tort être en présence d'un champignon, il lui donne le nom de *mycoderma acéti*, attribuant la production de vinaigre au voile se formant à la surface du vin laissé à l'air libre. Il s'agissait en fait de bactéries dites *acétiques* appartenant aux genres *acetobacter* et *gluconobacter*. En 1863, on comprend enfin le processus de fabrication du vinaigre grâce à Louis Pasteur, qui découvre et établit scientifiquement en 1865 la nature biochimique du processus de formation du vinaigre. Il caractérise et décrit le rôle des micro-organismes dans les processus de fermentation, dont fait partie la fermentation acétique. Sur la base des recherches de Pasteur, la production industrielle de vinaigre connaîtra un grand essor.

Du vin au vinaigre

Le mot « vinaigre » est la contraction des mots « vin » et « aigre ». Ce liquide aux couleurs diverses ne contient pas de protéines, pas de matières grasses, pas de vitamines, peu de glucides, est très peu calorique et est un produit dérivé alimentaire naturel. Pour faire du vinaigre, on utilise les sucres naturels des fruits (pommes, raisins, baies, melons, noix de coco, etc.), de la sève d'érable, du miel ou encore l'amidon (qui est aussi une forme de sucre) des légumes et des légumineuses (pommes de terre, maïs, orge, blé, seigle ou riz).

Le sucre ou l'amidon sont d'abord transformés en alcool, puis fermentés jusqu'à devenir du vinaigre. Les petites mouches (drosophiles) sont fortement attirées par le vin placé à l'air libre et ce sont elles qui véhiculent l'*acétobacter*. Cette bactérie s'attaque à l'alcool contenu dans le liquide et l'oxyde pour le transformer en acide acétique. Pour que la fermentation acétique ait lieu, trois conditions sont nécessaires : il faut qu'il y ait présence de la bactérie *acétobacter*, qu'il y ait de l'oxygène pour la transformation de l'alcool et que la température oscille entre 25 et 30°C. Au fur et à mesure que la fermentation acétique se poursuit, les bactéries *acétobacter* vont se développer et former à la surface du vinaigre un voile léger qui va s'enfoncer petit à petit et se transformer en une masse gélatineuse appelée la « mère de vinaigre ».

Évidemment, lors de la fermentation du vin, le processus de transformation du vin en vinaigre est indésirable. C'est la raison pour laquelle on ferme les fûts de moûts en fermentation avec des dispositifs qui laissent sortir le dioxyde de carbone formé sans permettre à l'air de pénétrer, afin d'empêcher l'*acétobacter* et d'autres microorganismes présents dans l'air ambiant de venir détériorer le vin.

Les différents types de vinaigre

Le vinaigre de vin

Le vinaigre de vin est fabriqué à partir de vin blanc, rouge ou rosé. S'il est fabriqué avec un vin bénéficiant d'une appellation d'origine, le vinaigre peut s'afficher comme « vinaigre de vin de Bordeaux » ou « vinaigre de Champagne ». De nombreux ingrédients peuvent être mis à macérer dans le vinaigre de vin pour produire des vinaigres parfumés : fines herbes, ail, chilis, fleurs et fruits. Les vinaigres parfumés s'emploient dans les vinaigrettes et les sauces, leur donnant immédiatement un parfum subtil.

Le vinaigre de vin blanc à l'échalote, par exemple, fait d'excellentes sauces béarnaises tandis que le vinaigre au chili assaisonne superbement les plats de fruits de mer les plus simples. Le vinaigre à la framboise fait merveille avec les volailles grasses (canard ou oie). Un peu de vinaigre de vin dans une marinade contribue à attendrir viandes et volailles, quelques gouttes de ce même vinaigre donnant du piquant aux ragoûts et sauces cuites.

On peut choisir son vinaigre en fonction des bouteilles qu'on servira à table pour mieux harmoniser les saveurs. Choisissez par exemple un vinaigre de vin rouge pour composer la sauce de la volaille que vous souhaitez accompagner d'un Bordeaux rouge. Si des fruits de mer constituent votre entrée, un vinaigre de vin blanc peut assaisonner la salade de crabe et de crevettes que vous comptez servir avec un Muscadet sur lie. Si vous préparez tout un repas au Champagne, vous pouvez choisir un vinaigre de vin provenant de la Champagne pour vos vinaigrettes et vos sauces.

Le vinaigre de Reims

Le vinaigre de Reims est élaboré à partir du marc de dégorgement après la seconde fermentation du champagne. 20 à 30 ml sont prélevés sur chaque bouteille, puis le marc est passé en cuve pour se transformer en vinaigre. Sa couleur est ambrée, son parfum est doux et il possède un goût boisé. Il titre 7 % d'acide acétique. Les vinaigres de vin rouge et de vin blanc existent en Champagne depuis plusieurs siècles.

Le procédé d'Orléans

Traditionnellement, le vinaigre d'Orléans est produit dans des fûts de chêne où le vin est ajouté à la mère de vinaigre qui reste dans le fût pendant une ou deux générations. Le vin peut fermenter plusieurs semaines, parfois jusqu'à 6 mois. Ensuite le vinaigre obtenu est prélevé, filtré et mis en bouteilles. On prélève le vinaigre par le bas et on ajoute du vin par le haut. Non pasteurisé, ce vinaigre conserve tout son arôme et sa couleur. Il arrive qu'après un certain temps il se reforme de la mère de vinaigre dans la bouteille; on peut l'y laisser, la filtrer ou même l'utiliser pour fabriquer son propre vinaigre. Le seul vinaigrier qui perpétue la tradition orléanaise depuis 1797 est la société familiale Vinaigrerie Martin Pouret.

Le vinaigre balsamique

Si c'est seulement depuis peu que le vinaigre balsamique a envahi notre marché, il existe depuis plusieurs centaines d'années. À la Renaissance, c'était un cadeau qu'on offrait accompagné de délicats messages d'amitié, un précieux nectar emprisonné souvent dans des bouteilles finement ciselées. Contrairement au vinaigre de vin, de cidre ou d'alcool, le vinaigre balsamique n'est pas fabriqué à partir d'un produit alcoolisé, mais à partir du résidu de pressage des grappes du cépage *ugni blanc Trebbiano,* cultivé dans la région de Modène dans la province italienne de l'Émilie Romagne, sur les collines bordant Castelvetro. On utilise le jus des raisins cueillis le plus tard possible à l'automne, gorgé de toutes les saveurs de la terre et du soleil, qu'on fait réduire sur le feu jusqu'à ce que sa teneur en sucre soit de 30 % à 50 %. Puis, on le met à vieillir dans un baril de chêne dont l'intérieur a d'abord été enduit de vinaigre afin d'amorcer la fermentation. La période de vieillissement et les transferts successifs dans des barils faits de différents bois – cerisier, châtaignier, mûrier, acacia, genévrier, frêne

– conféreront au vinaigre son arôme particulier. Le vinaigre est conservé dans des conditions où l'alternance du chaud et du froid contribue à le bonifier. À mesure que l'acétification se fait, le vinaigre est transféré dans des tonneaux de plus en plus petits. On obtient au bout d'un processus de 12 mois minimum un vinaigre parfumé et délicat. Levinaigre balsamique possède une couleur brune très foncée et une saveur très équilibrée.

Pour porter l'appellation « tradizionale », le balsamique doit avoir été fabriqué selon un processus rigoureux avec du raisin provenant de la région de Modène. Pour porter l'appellation « vecchio », il doit avoir vieilli au moins 12 ans en baril, tandis que l'appellation « extra-vecchio » ne peut être apposée que sur des vinaigres ayant vieilli pendant plus de 25 ans. Ces vinaigres commandent donc des prix très élevés, d'autant plus que la production est relativement faible (10 000 litres par année) tandis que la demande ne cesse de croître. Certaines bouteilles de 100 ml peuvent se vendre plus de 100 dollars, ce qui en fait le vinaigre le plus cher au monde. Bien qu'il soit employé aussi dans les salades, le balsamique sert surtout à relever les plats cuits, particulièrement les omelettes, le risotto, les escalopes de veau et le foie gras poêlé. Il peut aussi servir de base pour certaines sauces.

Le vinaigre de xérès

Originaire d'Espagne et fabriqué à base de vins de la région de Jeres au sud de l'Andalousie, le vinaigre de xérès est, au même titre qu'un grand vinaigre balsamique, un délice inavouable. Ce condiment exceptionnel conserve dans son essence le souvenir du vin *amontillado* qu'il a été et il demeure légèrement alcoolisé. En effet, l'une des principales particularités de ces vinaigres consiste en leur taux d'alcool résiduel, soit un maximum de 3 %. Les variétés de raisin « Palomina » et « Tinta » lui donnent un goût unique. Les vinificateurs de la zone Marco de jerez font vieillir leurs vinaigres pendant des périodes pouvant aller à 20 et 30 ans. Le vinaigre de xérès est assez doux et permet de composer des vinaigrettes inhabituelles, particulièrement lorsque l'acidité de l'un des composants de la salade, un agrume par exemple, doit être contrebalancée. Assaisonner une gaspacho, des fraises ou un rôti de porc au vinaigre de xérès en feront de purs délices !

Le vinaigre de Banyuls

Le banyuls est un vin doux élaboré à partir du cépage grenache issu de vieilles vignes cultivées en terrasses sur les coteaux pentus des Pyrénées qui surplombent la Méditerranée, entre l'Espagne et la plaine du Roussillon dans la région de Banyuls-sur-mer. Ce vin est réalisé par mutage : on ajoute de l'alcool sur le moût pour arrêter la fermentation, ce qui permet de conserver une partie du sucre naturel du raisin. Les vins sont ensuite conservés le plus longtemps possible en cave dans des fûts, ou à l'extérieur dans des bombonnes de verre exposées au soleil. Cet élevage doit être au minimum de dix mois pour les banyuls et de trente mois pour les banyuls grand cru. Le vinaigre qui en est tiré est acétifié selon une méthode traditionnelle. Un vieillissement en fûts de chêne sous le chaud soleil méditerranéen - qui peut aller jusqu'à cinq ans - confère à ce vinaigre fin et corsé des propriétés gustatives très prononcée et des arômes de fruits rouges, de noisettes et de réglisse, voire de framboises et de cassis pour certains d'entre eux. Il excelle dans les marinades, relève les mayonnaises, les salades contenant du poisson et peut donner beaucoup d'envergure au jus de volaille.

Le vinaigre de bière ou de malt

Ce vinaigre est produit à partir d'une bière spéciale ou élaboré directement à partir de jus d'orge germée ne contenant pas de houblon. Il a un goût légèrement amer, proche de celui de la bière. C'est un vinaigre fort, très apprécié en Grande-Bretagne et dans le nord de l'Europe. Le véritable vinaigre de malt est incolore. On l'utilise généralement pour la préparation de légumes au vinaigre tels que les concombres et les petits oignons. Il se prête fort bien à la cuisson, relève à merveille les poissons frits ou grillés et donne du panache aux frites. C'est aussi un allié de goût pour tous les chutneys, ketchups et compotes de fruits. Sur une salade de concombres frais, il laisse une marque inoubliable.

Le vinaigre de riz et d'Orient

Au Japon, le vinaigre est obtenu à partir de saké (vin de riz) fermenté et se caractérise par sa faible teneur acétique. Les processus de production du saké et du vinaigre de riz sont presque identiques. Le vinaigre est couramment utilisé dans la cuisine au Japon et son goût raffiné est un arôme essentiel, notamment dans les sushis. On distingue trois catégories de vinaigre de riz blanc :

- le *kome-zu* à base de riz, vinaigre léger au goût subtil qui est un ingrédient essentiel de la *sunomono* (salade vinaigrée)

- le *genmaï-zu,* qui est quant à lui fabriqué à partir de riz complet, ce qui lui confère un goût et un arôme plus prononcés que le *kome-zu.*

- le *kuro-zu* est un vinaigre noir parce qu'on met les ingrédients dans une jarre (riz cuit à la vapeur, koji[9], eau, vinaigre de semence) et on laisse fermenter le tout sous le soleil pendant un an. Ce vinaigre possède un goût riche, ample et rond et contiendrait de nombreux acides aminés. Une variété plus vieille encore, l'*aka-zu* ou vinaigre rouge, est fabriqué à partir de marc de saké et est affiné pendant 3 ans. Son acidité est très accentuée.

En Chine, la fermentation de l'eau de vie de riz et d'arbousier est pratiquée depuis six millénaires. Depuis toujours, les trois assaisonnements de base de la gastronomie chinoise sont la sauce soja, le vinaigre et l'huile de sésame.

Le vinaigre de riz provient de vins de riz aigres et fermentés ou élaborés à partir de la fermentation de sorgho, de blé et de patates douces. La cuisine chinoise, à l'instar de la philosophie qui l'inspire, vise l'équilibre parfait grâce à un mélange judicieux de couleurs, de saveurs et de textures. Le vinaigre chinois possède un goût piquant, qu'il soit blanc, rouge ou noir selon la variété de riz utilisée. Le vinaigre de Baoning est fabriqué dans la préfecture de Langzhong

9   *Préparation à base de riz entrant dans la fabrication du miso, du vinaigre de riz, du saké et de l'amasaké.*

depuis les dynasties des Yuan (1206-1368) et des Ming (1368-1644). C'est un des vinaigres les plus fameux de Chine à cause de ses grandes qualités, de son goût unique et de ses propriétés nutritives.

Le vinaigre parfumé de Zhenjiang, issu d'une variété de riz locale, est depuis toujours une spécialité de la province du Jiangsu, dans l'Est de la Chine et est intégré à la cuisine sichuanaise. Comme il connaît une fermentation en atmosphère libre, il dépend fortement des conditions atmosphériques du milieu.

Le vinaigre noir chinois est obtenu à partir de la fermentation de sorgho, de blé et de patates douces. C'est un vinaigre très doux et parfumé qui aura pour effet de relever la saveur sucrée du plat avec une pointe d'acidité. Son goût aigre rehausse la saveur de nombreux plats ou au contraire supprime certaines odeurs persistantes comme celle du poisson.

Le vinaigre de cidre de pommes

Pour fabriquer du cidre de pommes, on utilise à la base du jus de pommes. Le jus est envahi, au moment de sa mise en tonneau, par une levure ou ferment alcoolique, qui se trouve naturellement à l'état de graines ou spores à la surface des pommes au moment de leur cueillette. Cette levure va se nourrir du sucre contenu dans le jus de pommes et le transformera en alcool et en gaz carbonique (principaux composants du cidre). Le sucre se transforme en alcool à un taux variant entre 10 à 12 %. Le cidre ainsi obtenu est versé dans une nouvelle cuve de fermentation.

Dès lors qu'il est mis en barils de chêne ou de pin de la Colombie-Britannique, le cidre est prêt à entamer sa métamorphose. Pour ce faire, il faut qu'une masse blanche se forme à la surface du baril : c'est la « mère vinaigre » grâce à laquelle le cidre deviendra vinaigre. Aucune filtration ni pasteurisation ne doit être effectuée. Après une fermentation acétique qui peut prendre jusqu'à plusieurs semaines, le vinaigre de cidre est enfin embouteillé dans des contenants opaques, évitant ainsi toute oxydation par la lumière. Bien que la « mère » demeure dans le baril lors de l'embouteillage, elle se reformera lentement sur les étalages des magasins et se déposera au fond du contenant. Ce processus est tout à fait naturel et indique que le vinaigre est pur à 100 % et d'une qualité supérieure. La « mère vinaigre » peut être consommée et elle est hautement nutritive.

Ce vinaigre de cidre de pommes non filtré et non pasteurisé contient plus d'une trentaine de substances nutritives importantes, une douzaine de minéraux, plus d'une demi-douzaine de vitamines et d'acides essentiels, plusieurs enzymes et une bonne quantité de pectine. Il est très riche en potassium et en oligo-éléments comme le phosphore, le soufre, le fer, le fluor, le calcium, le magnésium, le silicium, le bore etc. Le vinaigre de cidre peut être employé dans la confection de pickles et dans les courts-bouillons de poissons et de crustacés.

Le vinaigre de bleuets

On peut aussi faire du vinaigre de cidre dans lequel on a fait macérer des bleuets, ce qui lui donne sa belle couleur violette.

Le vinaigre de sève

Produit au Canada à partir de sève de bourgeons d'érable et de sirop d'érable. Un document daté de 1913 relate qu'il était autrefois possible de faire entre 25 et 30 gallons d'excellent vinaigre avec 1000 arbres entaillés.

À 10°C, il se produit spontanément dans le sirop mis en baril une fermentation alcoolique - première phase de la fabrication du vinaigre - qu'on stimule en ajoutant un ou deux pains de levure comprimée ou des raisins secs. Au bout de deux semaines, la fermentation achevée, le contenu du baril est soigneusement filtré et on ajoute une petite quantité de vieux vinaigre.

On place alors le baril sur le côté, dans une chambre close, à la température de 21°C, pour favoriser la transformation de l'alcool en vinaigre.

Pour obtenir de meilleurs résultats, on ajoute parfois au baril une quantité de vinaigre égale à 1/10 du volume du liquide alcoolique. Pour la fabrication du vinaigre en grandes quantités, la fabrication est activée en faisant égoutter lentement le vinaigre à travers un baril de copeaux de hêtre propres imprégnés préalablement de vinaigre chaud pour leur inoculer des bactéries d'acide acétique.

De nos jours, le vinaigre d'érable artisanal est produit de la même manière qu'autrefois. Il a la particularité d'être très peu acide mais très goûteux : quelques gouttes suffisent souvent pour apporter une saveur particulière aux plats les plus simples. En cuisine, il faut l'utiliser à la dernière minute afin d'éviter l'évaporation de ses arômes distincts.

Vinaigre de toddy

Si l'on coupe la tige de l'inflorescence[10] du cocotier, il en coule une sève nommée toddy. Cette sève est utilisée pour la préparation de sirop, de sucre brut ou cristallisé, de boissons fermentées, d'alcool distillé (arrack[11]) ou de vinaigre. Le toddy contient, à l'état frais, 12 à 15 % de sucre, un taux semblable à celui du sucre de canne. C'est une boisson laiteuse blanchâtre légèrement alcoolisée, une sorte de vin nouveau de palme. Le vinaigre est obtenu en laissant fermenter du toddy frais jusqu'à ce qu'il devienne acide pour être utilisé dans toutes les préparations vinaigrées ou pour assaisonner divers aliments. Le vinaigre est clair, frais, fin, très élégant.

---

10 L'inflorescence est la disposition des fleurs sur la tige d'une plante à fleur.

11 Arrak (ou arraki, arack, arak, raki) est un terme générique, qui signifie « jus » ou « sueur » en arabe. Il y a autant d'arrack que de producteurs, et il peut être à base de suc de riz ou de sève de palmier. En Grèce c'est un alcool fait de grain, au Moyen Orient et en Egypte, c'est un alcool à base de dattes ou de raisins.

Le vinaigre blanc pur

Le vinaigre blanc commun est fait soit à partir de la distillation du vinaigre de malt, ou d'un simple mélange d'acide acétique et d'eau. On utilise également l'amidon du maïs (un sucre) qui est d'abord transformé fermenté puis distillé en un alcool neutre ; l'alcool est à son tour fermenté pour donner du vinaigre blanc pur.

Le vinaigre blanc à 5 % d'acide acétique se retrouve dans le garde-manger de la plupart des ménages au Canada. Il sert de condiment, d'ingrédient pour la boulangerie et la cuisine, pour les sauces à salade, la mayonnaise, la moutarde, le ketchup, les salsas, les conserves, les sauces barbecue et piquantes, les marinades ainsi que comme nettoyant polyvalent pour la maison.

Les propriétés acétiques du vinaigre en font le meilleur nettoyant ménager qui soit. Le vinaigre blanc pur est prisé depuis des générations pour son utilité en tant que détachant, éliminateur de moisissure et de traces de savon, agent de polissage, détartrant, assouplissant, désodorisant et agent de dégorgement.

Découvrez ces délicieuses recettes pour apprécier les différents types de vinaigres

(Voir la troisième partie de l'ouvrage)

Le vinaigre de vin

Carré de porc aux poires et au vinaigre
p.95

Huîtres au vinaigre blanc et au pastis
p.105

Magrets de canard aux zestes d'agrumes
p.130

Champignons en boutons
p.161

Salade de poires et d'épinards
p.176

Le vinaigre balsamique

Filets de porc
au vinaigre balsamique
p.97

Poulet caramélisé
aux poivrons
p.118

Salade d'été de mangue
et de concombre
p.184

Escalopes de veau
« balsamique »
aux champignons
portobello   p.143

Pâtes balsamiques
au fenouil et bettes
à cardes
p.162

Foie de veau au
vinaigre balsamique
et aux pignons de pin
p.146

Pommes de terre
farcies à la ricotta et
gratinées au cheddar
p.158

Médaillons de veau au
marsala et au vinaigre
balsamique sur BBQ
p.145

Poulet Sichuan
aux nectarines
et au vinaigre
balsamique   p.120

Le vinaigre de cidre de pomme

Salade de poulet et sa vinaigrette au cari
p.175

Salade campagnarde
p.188

Salade marocaine
p.190

Sauté de haricots verts
p.156

Pennines au poulet et aux poivrons
p.126

Braisé de bœuf à la mexicaine
p.139

Darnes de saumon parfumés à la limette
p.110

Rôti de porc au vinaigre de cidre
p.92

Filets de truite « Express »
p.108

Salade de betteraves et d'endives
p.183

Le vinaigre de xérès

Lapin aux
pruneaux
et à la bière

p.129

Gaspacho
délicieuse

p.155

Le vinaigre de riz

Rouleaux frais
à la coriandre,
au gingembre,
l'ail et au
poulet

p.123

2ᵉ PARTIE

Fiches pratiques

La santé par le vinaigre

Fines herbes, huiles essentielles et vinaigre sont dans les secrets des apothicaires depuis toujours. À l'époque médiévale, les différentes odeurs des herbes étaient déterminantes quant à leur utilisation, parce qu'on se doutait que certains insectes pouvaient transporter des maladies graves. On utilisait alors certaines herbes pour nettoyer l'air ambiant des miasmes de la maladie. Les chemins sur lesquels les cortèges royaux roulaient étaient jonchés d'herbes séchées comme le romarin, le thym ou la rue, pour protéger les souverains et leurs familles des maladies. Pourquoi ne se retrouveraient-elles pas de nouveau à l'honneur dans nos pharmacies?

Le vinaigre de cidre de pommes

La pomme, synonyme de santé, est la base du vinaigre de cidre. La peptine contenue dans la pomme possède un effet nettoyant, débarrassant le sang de son surplus de cholestérol et le potassium permet au calcium d'être absorbé afin de nourrir la moelle des os. La pomme contient également des protéines, des glucides, des vitamines, trois acides aminés, des minéraux et des oligo-éléments tels que le potassium, calcium, sodium, magnésium et le phosphore. Depuis des centaines d'années, le vinaigre de cidre de pommes possède la réputation de prévenir la maladie, de soulager les problèmes respiratoires, digestifs et intestinaux. Le vinaigre de cidre de pommes peut contribuer à aider et accélérer le processus de guérison. Lorsque le vinaigre est pur à 100 % et qu'il n'a pas été filtré ou pasteurisé, il peut avoir des effets curatifs extraordinaires sur le corps humain et lorsqu'elles sont transformées en vinaigre, les pommes ne perdent pas leurs propriétés. Grâce à son acidité, le vinaigre de cidre de pommes favorise le nettoyage de l'organisme et l'élimination des toxines, détruit les mauvaises bactéries, régénère la flore intestinale, lutte contre la constipation et combat les flatulences. Le vinaigre de cidre de pommes non filtré et non pasteurisé est exceptionnellement riche en oligo-éléments (calcium, soufre, fer, silicium, bore, phosphore, magnésium, potassium, fluor), en pectine, en vitamines, et en vitamines, notamment B et D et acides essentiels, en enzymes et en acides aminés essentiels. Il contient aussi du bêta carotène riche en vitamine A anti-oxydante et l'absorption du calcium.

Les multiples vertus du vinaigre de cidre

Acné

Le pH du vinaigre de cidre, aux vertus astringentes, est très semblable à celui de la peau. Il est excellent pour les peaux grasses et à problèmes. Contre l'acné juvénile bénigne ou toute autre espèce de boutons, il prévient l'apparition des comédons, aide à resserrer les pores, et contribue au ralentissement du vieillissement de la peau par son action antioxydante. (voir la beauté par le vinaigre)

Arthrite

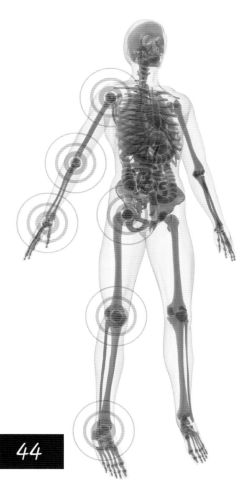

Il s'agit de rééquilibrer le rapport acido-basique de l'organisme en allant vers les aliments alcalinisants plutôt qu'acidifiants et en reminéralisant notre corps. Le vinaigre de cidre peut jouer un rôle important dans la douleur causée par l'arthrite car il favorise un ramollissement et une élimination des cristaux (chondrocalcinose). Il peut aider aussi à ralentir la progression de cette maladie. Pour obtenir un soulagement plus rapide sur une région douloureuse, appliquez de l'eau chaude salée au sel de Guérande sur la région atteinte et frictionner par la suite avec du vinaigre de cidre. On l'utilise en application externe pour les douleurs musculaires, les inflammations, les entorses ou l'engorgement musculaire. Réchauffez la région douloureuse avec un linge trempé dans l'eau chaude additionnée de sel et frotter avec du vinaigre de cidre.

Angines	Gargarisez-vous avec 2 à 3 cuillères à soupe vinaigre de cidre de pommes dans un verre d'eau tiédie. 4 à 6 fois dans la journée, buvez le restant du verre.
Asthme	Frictionnez la poitrine avec du vinaigre pur, ou si l'épiderme est fragile, mélangez à parties égales avec une infusion de fleurs de lavande. À faire au moment de la crise.
Contre les champignons et les démangeaisons	Baignez vos pieds dans un mélange de 2 tasses d'eau chaude pour 1 tasse de vinaigre. Ajoutez-y une poignée de gros sel.
	Appliquez ensuite du beurre de karité aux huiles essentielles de géranium rosa ou genévrier et enfilez des vieilles chaussettes pour la nuit.
Contre la transpiration excessive des pieds	Baignez vos pieds dans un mélange de 2 tasses d'eau chaude pour 1 tasse de vinaigre. Ajoutez-y une poignée de gros sel. Le vinaigre est antiseptique et déodorant.
Contre les piqûres d'insectes, de méduses ou d'orties	Méduses, guêpes, abeilles, araignées etc., tamponnez la piqûre ou si nécessaire arrosez immédiatement de vinaigre de cidre de pommes ou de vinaigre de rose. Le vinaigre calme les démangeaisons et les piqûres d'insectes. Il peut aussi s'utiliser en prévention comme répulsif (contre les moustiques). Peu coûteux, il permet surtout d'éviter l'emploi d'insecticide sur la peau.

Contre les vomissements

Appliquez sur l'estomac une compresse faite d'un linge imbibé de vinaigre tiédi. Renouvelez quand la compresse refroidit.

Contre les coups de soleil et les brûlures légères

En aspersion ou en compresse, choisissez de préférence le vinaigre de rose, à défaut du vinaigre de cidre de pommes.

Vinaigre de rose : Faites macérer une poignée de pétales de roses fraîches (idéalement sans pesticides, fongicides, ni insecticides) dans du vinaigre pendant deux ou trois jours. Une fois filtré, on pourra utiliser le vinaigre de rose pour nettoyer la peau.

Contre les poux

Rincez les cheveux à l'eau vinaigrée ne tue pas les poux mais dissout l'enveloppe de leurs oeufs (les lentes). Celles-ci n'arrivant pas à maturité, vous évitez leur progression le temps de tuer les poux. Ensuite, pour protéger la tête des enfants des lentes et poux : faites chauffer un tiers de vinaigre blanc et 2 tiers d'eau dans 1 casserole. Rincez les cheveux avec ce mélange aussi chaud que possible. Laissez agir 5 à 10 minutes, rincer à l'eau tiède. Très efficace en cas de réactions allergiques aux produits du commerce.

Contrôle du cholestérol et de la glycémie

La pomme, dans le vinaigre de cidre, est naturellement riche en pectine qui contribue au contrôle du cholestérol et du taux de sucre sanguin et en cellulose qui aide au bon fonctionnement de l'intestin. Elle est également bien pourvue en vitamines A, B_1, B_2, C et P.

Crevasses

Supprimez le savon, lavez les crevasses à l'eau vinaigrée. Appliquez ensuite un mélange à parties égales de glycérine, de vinaigre de cidre et une décoction de bardane. La préparation se garde 2 à 3 jours. Traitez jusqu'à guérison.

Diabète

L'ajout d'une certaine quantité de vinaigre (environ 15 ml à 30 ml) à un repas contenant des glucides permettrait de diminuer la réponse du glucose et de l'insuline dans le sang de 30 à 60 minutes après la consommation du repas, parce que l'acide acétique présent dans le vinaigre amènerait une réduction plus importante de la glycémie et de l'insulinémie. La consommation d'acide acétique augmenterait l'utilisation du glucose par le corps humain.

Démangeaisons

Mélangez 1 cuillère à soupe de fécule et 1 cuillère à soupe de vinaigre jusqu'à consistance pâteuse. Appliquez la pâte sur la région affectée. Le vinaigre de cidre de pommes soulage les démangeaisons quand on l'applique localement.

En usage externe, il aide à calmer les prurits et les démangeaisons causées par l'urticaire, l'eczéma, le psoriasis, etc. C'est un excellent désinfectant cutané. Il est antiseptique et antibiotique. Les infections du visage et des oreilles se traitent avec un mélange de vinaigre et d'eau.

Désinfectant pour les plaies et brûlures superficielles

Le vinaigre blanc pur dilué à 50 % est un bon désinfectant.

Dermatose sèche avec desquamation et suintement

Supprimez le savon, lavez les parties atteintes avec 1/3 de vinaigre de cidre, 1/3 de décoction de racines de bardane, 1/3 d'huile d'amande douce. Émulsionnez le tout. Tapotez les endroits atteints, à l'aide d'une gaze trempée dans la préparation, laissez sécher, renouvelez 4 fois par jour

Douleurs musculaires

Appliquez un liniment maison en massage léger : battre un jaune d'œuf dans une cuillère à café d'essence de térébenthine, une cuillère à soupe de vinaigre de cidre de pommes et une cuillère à soupe d'infusion de thym.

En cure préventive, pour se maintenir en bonne santé

Absorbez quotidiennement une cuillère à café de vinaigre de cidre dilué dans un verre d'eau tiède avec une cuillère de miel.

Foulure

Appliquez un liniment maison en massage léger : battez un jaune d'œuf dans une cuillère à café d'essence de térébenthine, une cuillère à soupe de vinaigre de cidre de pommes et une cuillère à soupe d'infusion de thym.

Frilosité

Endurcissez votre corps avec le traitement suivant pendant quelques semaines : 2 fois par semaine, prenez un bain chaud dans lequel vous mettrez un litre de vinaigre blanc et un kilo de sel marin. Tous les jours, le matin, alternez une douche bien chaude et une bien froide. Après une friction complète au vinaigre (pourquoi pas un vinaigre de toilette ?) habillez-vous. Au bout de quelques jours, votre circulation sanguine sera réveillée et vous serez moins sensible au froid.

Hoquet

Sucez un morceau de sucre imprégné de vinaigre !

Infections urinaires

Quand on est sujet aux infections urinaires, prendre du vinaigre de cidre de pomme (1 cuillère à table) dilué dans l'eau avant tous les repas. Contrairement à ce que l'on pense, les canneberges n'acidifient pas l'urine. Elles sont efficaces car elles empêchent les bactéries de se fixer aux parois de la vessie ou du tractus urinaire. On peut combiner le jus de canneberge avec la vitamine C et le vinaigre de cidre de pomme.

Insomnie et nervosité

Prenez avant l'heure du coucher 1 à 2 cuillères à café de vinaigre de cidre avec du miel pur dans un verre d'eau tiède. Contre le stress de la vie quotidienne, le vinaigre de cidre procure la détente et favorise le sommeil si vous incorporez une demi-tasse à une tasse dans l'eau d'un bain d'environ 15 à 20 minutes.

Maux de gorge

Les maux de gorge sont soulagés par un gargarisme à base de vinaigre de cidre de pommes et d'eau. Se gargariser avec 2 cuillères à soupe de vinaigre dans 1/3 de tasse d'eau tiède. Répéter au besoin toutes les heures le premier matin puis toutes les deux heures ensuite l'après midi.

Maux de tête

Utilisez le vinaigre de cidre en inhalation dans de l'eau portée à ébullition : une partie d'eau une partie de vinaigre. Inspirez 80 fois les vapeurs de vinaigre.

Une compresse épaisse imbibée de solution vinaigrée (1/3 de vinaigre, pour 2/3 d'eau) sur le front ou sur la nuque. Retirez quand elle a tiédi.

Nausée

Dès les premiers symptômes, buvez une cuillère à café de vinaigre dans un ¼ de verre d'eau pétillante. Si la nausée est due à la grossesse buvez le matin dès le réveil. Si nausée après chaque repas buvez une cuillère à café dans un ½ verre d'infusion de mélisse.

Pour le soin des oreilles

La grande acidité du vinaigre en fait un très bon antibactérien. L'acide acétique est très efficace et son utilisation par voie externe pourrait éventuellement être une solution de rechange intéressante aux traitements antibiotiques. Une étude récente montre l'efficacité d'une solution moitié eau, moitié vinaigre contre les infections bactériennes du conduit auditif à appliquer avec un bâtonnet ouaté. Cela permet d'éviter les otites externes. Les nageurs se plaignent souvent d'infection et de démangeaison dans l'oreille : diluez 1 volume de vinaigre dans 1 volume d'eau bouillie et rincer les oreilles après chaque baignade.

Attention cependant au risque d'irritation du conduit auditif par soins excessifs.

Pression sanguine

L'acide acétique du vinaigre permet de diminuer la pression sanguine et l'activité de la rénine, un enzyme responsable de la production de peptides causant l'hypertension.

Problèmes de digestion

Le vinaigre de cidre de pommes contribue à la bonne marche de notre système digestif en augmentant ses enzymes, détruit les bactéries et absorbe le trop plein d'acides de l'estomac. Il est donc excellent contre les aigreurs, les spasmes et les «renvois». Il aide à la digestion lente vous évitera les intoxications alimentaires. Il aide à régler les problèmes de spasmes et les gaz intestinaux. Il aide au renouvellement de la flore intestinale. Pour contrer une digestion laborieuse, prenez le vinaigre de cidre une demi-heure avant le repas. En cas de mauvaise digestion après un repas lourd, ajoutez une cuillère à café de vinaigre dans ¼ de verre d'eau pétillante.

Problèmes de constipation

Pour régler vos soucis de constipation, prenez-le au coucher. Ajoutez une cuillère à café de vinaigre dans ¼ de verre d'eau pétillante.

Pour maigrir

On lui attribue aussi beaucoup d'efficacité dans les régimes amaigrissants, grâce à sa grande richesse en pectine et enzymes de première qualité. Pour les gens souffrant d'embonpoint et de cellulite, il aide, combiné ou non à une diète, à détruire l'excès de graisses dans les cellules. On peut le combiner avec le gingembre, le poivre de Cayenne, l'ananas et des fruits citrins ou encore avec le varech et le pamplemousse pour la perte de poids. Il favorise une perte de poids progressive à la dose de 2 cuillères à café, 2 à 3 fois par jour.

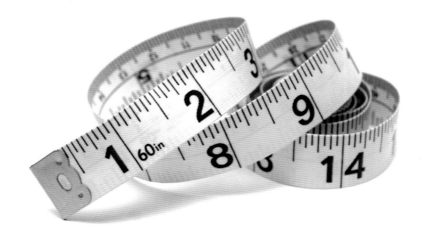

Pied d'athlète

Le pied d'athlète est une infection à champignons qui touche la peau entre les orteils. Le vinaigre de cidre de pommes contribue à en diminuer les symptômes, parce qu'il possède des propriétés antiseptiques et astringentes, et la célèbre clinique américaine Mayo en recommande l'usage pour soigner le pied d'athlète.

Imprégnez un tampon démaquillant de vinaigre de cidre de pomme

Passez le tampon imbibé entre les orteils

Avec un vaporisateur, aspergez aussi les chaussettes de ce vinaigre et les porter toute la nuit.

Répulsif anti-moustiques

- 40 gouttes d'HE de lavande
- 40 gouttes d'HE de citronnelle
- 30 gouttes d'HE de menthe poivrée
- 200 ml de vinaigre de cidre
- 200 ml d'huile de paraffine

Versez tous les ingrédients dans un petit flacon et agiter vigoureusement. Laissez reposer 4 jours avant utilisation, afin que les différentes substances amplifient leurs effets par synergie.

Enduisez les membres ainsi que le visage, en faisant attention aux yeux. Il est proposé de l'huile de paraffine car elle sera absorbée lentement par la peau, contrairement à d'autres huiles.

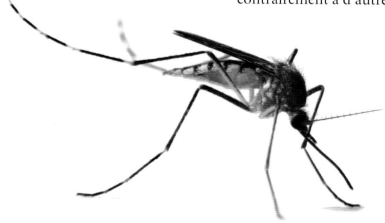

Rhume

Mélangez à parts égales du vinaigre de cidre de pommes et de l'eau, et y ajouter un peu de poivre de Cayenne et en sucrant au miel, on obtient un excellent remède contre les rhumes et les refroidissements. Contre-indiqué en cas de troubles d'estomac.

Surplus de poids

L'ajout de vinaigre apporterait une plus grande sensation de satiété après le repas, suggérant ainsi une réduction de l'apport en calories à plus long terme. La diminution de la réponse glycémique et l'augmentation de la satiété après un repas sont donc des effets remarquables du vinaigre utilisé en condiment.

Vaginites

Les vaginites sont soulagées par un bain dans lequel on a mis trois tasses de vinaigre de cidre de pommes ou encore une douche vaginale acide : 2 c. à table de vinaigre dans 1 pinte d'eau. On prendra une douche par jour pendant 5 jours (non recommandé pour les femmes enceintes).

Varices

Après la toilette, massez les jambes toujours en remontant vers le cœur avec cette lotion : ¼ décoction de vigne rouge1 et ¾ de vinaigre. Complétez matin et soir avec absorption d'une cuillère à café de vinaigre dans ½ verre d'eau.

Le vinaigre de riz

Le vinaigre de riz utilisé pour la cuisine et les remèdes est fait directement à partir de riz brun. Quelques façons centenaires d'utiliser ce vinaigre ont survécu. Selon le Laboratoire de Recherche Alimentaire Japonais, le vinaigre fait directement à partir du riz brun contient 5 fois plus d'aminoacides que le vinaigre commercial fait à partir des lies de saké; soit 20 aminoacides et 16 acides organiques. Une bouteille de bon vinaigre de riz doit toujours avoir un fin dépôt de riz même quand il s'agit du meilleur des vinaigres! Ce résidu sombre est considéré comme la marque d'un vinaigre de qualité. De récentes recherches faites prouvent que le vinaigre aide à se maintenir en bonne santé et qu'il ralentit le vieillissement en empêchant la formation de 2 péroxydes gras; l'un associé aux radicaux libres néfastes et l'autre au cholestérol s'accumulant sur les parois des vaisseaux sanguins.

Le Tamago-Su

Au Japon, prendre du vinaigre en tant que tonique est une des anciennes coutumes favorite des japonais. Le vinaigre y est utilisé dans la préparation de l'un des remèdes les plus puissants. Remplir un verre de vinaigre de riz et y plonger un oeuf frais entier (coquille comprise). Laisser reposer sept jours pendant lesquels le vinaigre va dissoudre l'oeuf avec sa coquille. Au bout de sept jours, la seule partie de l'oeuf qui n'aura pas été dissoute est la membrane transparente se trouvant contre la coquille. Pour préparer le Tamago-Su, ouvrir délicatement cette membrane et verser son contenu dans le verre de vinaigre. Jeter la membrane et bien mélanger. Les samouraïs croyaient prendre 3 fois par jour une petite quantité de ce breuvage tonique leur assurait longévité, bonne santé, force et énergie.

La beauté par le vinaigre

Depuis l'Antiquité, le vinaigre été employé pour désinfecter, tonifier, parfumer et ses vertus sont désormais connues et appréciées. Nous utilisons les plantes aromatiques depuis des millénaires, tant pour leurs qualités gustatives que pour leurs vertus médicinales. Les huiles essentielles, quant à elles, sont un concentré des sécrétions aromatiques de ces plantes en conservant la saveur et les bienfaits.

Trucs et conseils beauté

Traitement de peaux

Le pH du vinaigre de cidre, dont les vertus astringentes sont désormais connues, est semblable à celui de la peau, est riche en éléments nutritifs et aide à conserver une peau douce et saine. Par son action antioxydante, il contribue aussi au ralentissement du vieillissement de la peau, aide à en resserrer les pores. Le vinaigre de cidre efface les traces de savon et les résidus de calcaire et de chlore contenus dans l'eau qui laissent des sensations de tiraillement ou de picotement.

Crème hydratante pour peau sèche à normale

- 45 ml (3 c. à soupe) d'huile d'olive
- 45 ml (3 c. à soupe) d'huile de germe de blé
- 45 ml (3 c. à soupe) d'huile de tournesol
- 45 ml (3 c. à soupe) de vinaigre de cidre
- 4 jaunes d'oeufs

Les ingrédients doivent être à la température ambiante

Mélangez les huiles, battez les jaunes d'oeufs, et ajoutez doucement les huiles, en remuant. Incorporez le vinaigre de cidre et remuer. Mettez ensuite dans un petit pot et conserver au réfrigérateur.

Utilisez cette crème pour hydrater votre peau. Ce qu'il faut savoir : toute crème hydratante est inspirée de celle du film hydrolipidique composant la peau. C'est une émulsion constituée d'une partie grasse, comme de l'huile et d'eau, qui hydrate la peau. La phase huileuse nourrit la peau et forme une couche grasse qui empêche l'eau de s'évaporer de la peau.

Nettoyant pour peau sèche

- 15 ml (1 c. à soupe) d'avoine
- 7,5 ml (½ c. à soupe) de miel
- 7,5 ml (½ c. à soupe) d'huile d'olive
- 7,5 ml (½ c. à soupe) de vinaigre de cidre
- 15 ml (1 c. à soupe) d'eau distillée

Combinez les ingrédients et laissez reposer pendant 1 à 2 minutes.

Appliquez sur le visage avec les mains en douces rotations. Rincez ensuite à l'eau tiède, pour terminer à l'eau froide. L'avoine adoucit et nourrit la peau, le miel est un antibactérien et un agent nettoyant. Le vinaigre restaure l'équilibre naturel de la peau.

Masque calmant pour peaux sensibles

- 60 ml (4 c. à soupe) de farine d'avoine
- 15 ml (1 c. à soupe) de vinaigre de cidre
- 45 ml (3 c. à soupe) d'eau

Diluez le vinaigre dans l'eau, puis mélangez avec la farine, de façon à obtenir une pâte épaisse.

Appliquez uniformément sur le visage et garder jusqu'à ce que le tout soit bien sec. Lavez alors le visage à l'eau tiède.

Lotion pour peau normale

- 15 ml (1 c. à soupe) de vinaigre de cidre de pommes
- Tampons de coton

Sur une peau parfaitement nettoyée, appliquer le vinaigre non dilué et étendre son maquillage aussitôt.

Lotion astringente pour peau grasse à tendance acnéique

- 125 ml (½ tasse) de vinaigre
- 125 ml (½ tasse) d'eau
- 1 aspirine (AAS)

Dissoudre l'aspirine dans le vinaigre et ajouter l'eau.

Le vinaigre aidera à enlever les peaux mortes, à restaurer le grain de la peau tandis que l'aspirine aide pour les peaux acnéiques.

Lotion raffermissante pour le visage

- 1 litre (4 tasses) de vinaigre de cidre de pommes
- 1 kilo (4 tasses) de pétales d'oeillets

Laissez macérer pendant 10 jours à l'abri de la lumière.

Diluer 15 ml (1 c. à soupe) de la préparation dans 200 ml (7 onces) d'eau. Tamponnez le visage à l'aide d'un coton.

Pour rétablir le ph de la peau

Verser de l'eau tiède dans le lavabo et y ajouter une cuillerée à café ou deux de vinaigre de cidre.

Se rincer le visage avec cette eau.

Cheveux gras
Dernière eau de rinçage

- 2 gouttes d'HE de romarin (ou de thym)
- 15 ml (1 c. à soupe) de vinaigre d'alcool
- 1 litre (4 tasses) d'eau minérale

Diluer les huiles essentielles et le vinaigre d'alcool dans l'eau minérale.

Rincer les cheveux avec le mélange en sachant que : l'huile essentielle de romarin (ou de thym), est astringente et absorbe l'excès de sébum, tandis que le vinaigre resserre les écailles du cheveu et leur permet d'être brillants.

Cheveux gras
Rinçage aux herbes essentielles

- 250 ml (1 tasse) d'achillée millefeuille séchée
- 250 ml (1 tasse) de lavande séchée
- 250 ml (1 tasse) de romarin séché
- Vinaigre de cidre non filtré, non pasteurisé (assez pour couvrir)

Dans un bocal en verre muni d'un couvercle hermétique, déposer les plantes, ajouter du vinaigre jusqu'à ce qu'il couvre tout. Fermer hermétiquement et laisser macérer pendant 2 semaines dans un endroit sec et sombre. Filtrer et verser dans un flacon propre.

15 ml (1 c. à soupe) de ce vinaigre dans 250 ml (1 tasse) d'eau à verser sur les cheveux en rinçage final, après le shampooing.

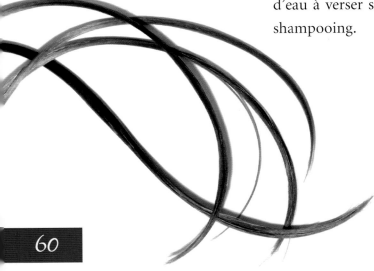

Rinçage
(pour cheveux longs ou courts)

- Une bouteille de plastique d'un litre coupée
- 400 ml (1 ½ tasse) d'eau froide filtrée (idéalement)
- 15 ml (1 c. à soupe) de vinaigre de cidre de pommes
- 4 à 5 gouttes d'HE (choisir une huile essentielle selon la nature de ses cheveux)
- 4 à 5 gouttes d'huile véritable de jojoba (pour les cheveux gras, omettre l'huile de jojoba)

Mélanger les ingrédients avant la douche dans la demi-bouteille. Une fois le dernier rinçage terminé, essorer les cheveux et mettre les longueurs dans le récipient. Bien masser en conservant l'eau qui en sort dans le récipient. Procéder plusieurs fois de suite: les huiles qui étaient à la surface sont absorbées par les cheveux. Renverser le reste du liquide sur le sommet du crâne. Ne pas rincer.

Les huiles essentielles recommandées selon la chevelure:
- *Cheveux normaux :* Ylang-ylang, lavande, thym, cèdre, romarin.
- *Cheveux secs :* santal, sauge, géranium.
- *Cheveux gras :* genévrier, romarin, cèdre, citron, bergamote, pamplemousse, cyprès, basilic, sauge, petit grain, lavande, lemon-grass, thym.
- *Cheveux sombres :* romarin.
- *Cheveux abîmés :* ylang-ylang, camomille, santal.
- *Pellicules :* tea tree, petit grain, romarin, cade, santal, patchouli.

Rinçage parfumé aux fleurs pour cheveux secs

- 250 ml (1 tasse) de pétales de roses séchées
- 250 ml (1 tasse) de fleurs de camomille séchées
- 250 ml (1 tasse) de racines de guimauve
- Vinaigre de cidre non filtré, non pasteurisé (assez pour couvrir)

Dans un bocal en verre muni d'un couvercle hermétique, déposer les plantes, ajouter du vinaigre jusqu'à ce qu'il couvre tout. Fermer hermétiquement et laisser macérer pendant 2 semaines dans un endroit sec et sombre. Filtrer et verser dans un flacon propre.

15 ml (1 c. à soupe) de ce vinaigre dans 250 ml (1 tasse) d'eau à verser sur les cheveux en rinçage final, après le shampooing.

Massage pour pellicules

- 125 ml (½ tasse) de vinaigre de cidre

Se masser les cheveux trois ou quatre fois par semaine avec du vinaigre de cidre. Laisser reposer une vingtaine de minutes puis rincer à l'eau tiède. Le vinaigre élimine les pellicules et rend les cheveux soyeux et brillants.

Repousse des cheveux

- 500 gr. (1 livre) de feuilles et de racines d'ortie
- 1 litre (4 tasses) de vinaigre

Faire macérer les feuilles et les racines d'ortie dans le vinaigre pendant 15 jours à l'abri de la lumière.

30 ml (2 c. à soupe) de ce vinaigre diluées dans 500 ml (2 tasses) d'eau. Utiliser le mélange à chaque rinçage. Fortifie les cheveux.

La racine, la feuille et les graines d'ortie sont d'excellents toniques capillaires.

Attention : la racine d'ortie tend à foncer les cheveux.

Corps

Taches de vieillesse

- 5 ml (1 c à thé) de jus d'oignon
- 10 ml (2 c. à thé) de vinaigre de cidre de pommes
- Tampon de coton

Frotter les taches avec le mélange tous les jours jusqu'à ce qu'elles pâlissent.

Pour la relaxation

- 250 ml (1 tasse) de vinaigre de cidre de pommes

Prendre un bain pendant 15 à 20 minutes favorise le sommeil et la détente.

Lotion tonique

- 125 ml (½ tasse) d'infusion de mélisse
- 125 ml (½ tasse) d'eau de Cologne
- 125 ml (½ tasse) de vinaigre de cidre de pommes
- 125 ml (½ tasse) d'eau minérale

L'infusion de mélisse se prépare dans les proportions suivantes : 30 ml (2 c. à soupe) de mélisse pour un litre d'eau bouillante.

Appliquez sur le corps après la toilette, renouveler la lotion tous les 10 jours car elle perd ses propriétés. Conserver cette lotion à l'abri de la lumière.

Lotion pour sportif

- 125 ml (½ tasse) d'infusion de thym
- 125 ml (½ tasse) de vinaigre de cidre de pommes
- 125 ml (½ tasse) d'infusion de lavande
- 125 ml (½ tasse) d'eau bouillie

L'infusion de thym, tout comme celle de lavande, se prépare avec 30 ml (2 c. à soupe) de thym ou de lavande pour 1 litre (4 tasses) d'eau bouillante.

Se frictionner le corps avec cette lotion après la douche. renouveler la lotion tous les 10 jours car elle perd ses propriétés. Conserver cette lotion à l'abri de la lumière.

Bain au lierre contre la cellulite

- 100 feuilles de lierre grimpant fraîches (hedera hélix) et hachées
- 250 ml (1 tasse) de vinaigre de cidre de pommes bouillant.

Ajouter les feuilles de lierre hachées dans le vinaigre de pommes bouillant. Retirer la casserole presque immédiatement du feu, et laisser macérer les feuilles pendant six heures.

Se frictionner le corps avec ce mélange tiédi dans le bain. Le lierre contient de la saponine, un savon naturel, mais également de l'hérédine, une phythormone, dont les propriétés anticellulitiques sont réputées.

Les vinaigres de toilette

Les vinaigres de toilette sont apparus vers le milieu du XIXe siècle. Ce sont des lotions à base de vinaigre qui s'utilisent dans l'eau du bain ou en lotion rafraîchissante. L'usage du vinaigre de toilette pour adoucir l'eau peut d'ailleurs aider certaines peaux fragiles à renouer avec la douceur et pour les autres, à exulter dans un bain délicatement parfumé. Le vinaigre de toilette nettoie, tonifie et permet de maintenir le taux d'acidité de la peau du visage. En soins capillaires, il neutralise le calcaire de l'eau, fortifie les cheveux et les rend brillants, et c'est un traitement d'appoint efficace contre les poux. Pour fabriquer son propre vinaigre de toilette il n'y a rien de bien sorcier : des plantes fraîches, un coton à fromage pour filtrer, du vinaigre de cidre de pommes.

Vinaigre de fleurs

Préparez les plantes et fleurs fraîches* ou sèches suivantes:
- 35 gr (1 once**) de lavande
- 35 gr (1 once) de romarin
- 35 gr (1 once) de rose musquée
- 35 gr (1 once) de sauge
- 35 gr (1 once) d'œillet musqué
- 1 litre (4 tasses) de vinaigre de cidre de pommes.

*Les fleurs fraîches seront plus parfumées
**Équivaut à 2,33 c. à soupe

Laissez macérer 15 jours et agitez de temps à autre le bocal placé dans un endroit frais et ombragé. Filtrez le mélange au travers d'une mousseline et versez dans un flacon étanche.

Verser 1 c. à soupe (15 ml) de vinaigre dans 500 ml (2 tasses) d'eau, pour nettoyer la peau. Utiliser pur pour parfumer.

Vinaigre de fleurs

- 500 ml (2 tasses) de vinaigre de cidre de pommes
- 10 gr (1/3 d'once**) de pétales de rose
- 10 gr (1/3 d'once) de tilleul
- 10 gr (1/3 d'once) de camomille
- 10 gr (1/3 d'once) de lavande
- 10 gr (1/3 d'once) de mauve
- 10 gr (1/3 d'once) de souci

**Équivaut à 2 c. à thé

Mettez à macérer les fleurs dans le vinaigre pendant 21 jours. Filtrez au travers d'une mousseline en pressant les plantes. Conservez en flacon de verre étanche.

Verser 1 c. à soupe (15 ml) de vinaigre dans 500 ml (2 tasses) d'eau, pour nettoyer la peau. Utiliser pur pour parfumer.

Vinaigre de roses

- 200 g (7 onces**) de pétales de roses séchées
- 1 litre (4 tasses) de vinaigre de cidre de pomme

**Pas tout à fait ½ livre

Commencer par mettre dans un bocal 100 g (¼ de livre) de pétales de roses séchées et recouvrez avec le vinaigre. Boucher, exposer au soleil pendant 3 semaines et filtrer. Renouveler l'opération en versant le vinaigre obtenu sur les 100g (¼ de livre) de pétales restants à exposer à nouveau au soleil pendant 3 semaines. Filtrer au travers d'une mousseline en pressant bien les pétales. Conserver en flacon de verre étanche.

Verser 1 c. à soupe (15 ml) de vinaigre dans 500 ml (2 tasses) d'eau, pour nettoyer la peau Utiliser pur pour parfumer.

Vinaigre de voyage

- 100 ml (½ tasse) de vinaigre de cidre de pommes
- 5 ml (1 c. à café) d'alcool 90°
- 5 g (1 c. à café) de sel de mer fin
- 4 gouttes d'huile essentielle d'eucalyptus globulus
- 4 gouttes d'HE de galbanum
- 4 gouttes d'HE de menthe nana
- 4 gouttes d'HE de géranium bourbon
- 4 gouttes d'HE de lavandin super

Faire réduire de moitié le vinaigre et dès qu'il est refroidi, ajouter le sel et l'alcool dans lequel on aura dilué les huiles essentielles. Laisser vieillir dans un flacon bien bouché placé à l'ombre d'un placard. Filtrer au bout de trois mois pour obtenir un liquide limpide et ambré.

Utiliser pur pour parfumer.

Du vinaigre pour toute la maison

Le vinaigre blanc, un produit écologique et peu coûteux peut nous débarrasser des microbes, désinfecter, désodoriser, détacher, nettoyer efficacement vitres et glaces, faire briller les chrome, laiton, cuivre et cuirs. Le principe de base est simple : il contient un acide puissant et réagit avec bon nombre de matières organiques. Il peut donc être utilisé sans danger comme produit nettoyant écologique. On préfère le vinaigre blanc au vinaigre « de cuisine » car il n'a pas de couleur distinctive et presque pas d'odeur. On le trouve également sous la dénomination vinaigre blanc ou vinaigre cristal. Il est totalement transparent.

Dans une cuisine, le vinaigre détruit les bactéries, rend verres et porcelaines étincelants, les vieilles casseroles font peau neuve ; il désinfecte tout et peut même nettoyer le four sans le récurer. Dans la salle de bains, il garde la cabine de douche impeccable, prévient et combat les moisissures, détruit les odeurs, nettoie les baies vitrées. Dans les chambres, le vinaigre rafraîchit et désodorise, apporte un vent de propreté. Dans les jardins, cours et garages, il repousse les insectes, protège vos plantes des fourmis, favorise la croissance des plantes, nettoie le barbecue. Pour vos animaux, il élimine les odeurs, stoppe les démangeaisons, permet d'ôter les poils des meubles et des tissus. Pour le ménage, le vinaigre blanc est indispensable !

Nettoyant multi-usage

- Utiliser un flacon de 750 ml (3 tasses) muni d'un vaporisateur
- Mélanger 15 ml (1 c. à soupe) de bicarbonate de soude avec 750 ml (3 tasses) d'eau chaude dans le flacon.

Dans un verre, faire le mélange suivant :

- 7,5 ml (½ c. à soupe) de vinaigre blanc
- 15 ml (1 c. à soupe) d'HE de tea tree (ou melaleuca alternifolia ou arbre à thé)
- 15 ml (1 c. à soupe) d'HE de menthe poivrée.

Transvaser le contenu du verre dans le flacon à l'aide d'un entonnoir et bien mélanger le tout.

On peut préparer une grande quantité de ce nettoyant bon marché et le conserver dans un récipient propre et réutilisable. Étiqueter le récipient.

L'huile essentielle de l'arbre à thé est un puissant antibactérien, tandis que la menthe poivrée est bactéricide et fongicide, doublée d'une odeur rafraîchissante. Pour une odeur plus citronnée, on peut changer pour de l'HE de citronnelle (40 gouttes), pour celle de citron 10 ml (2 c. à café) ou de pin sylvestre (40 gouttes). En ajoutant au mélange original à base d'HE d'arbre à thé et de vinaigre 5 ml (1 c. à café) d'HE de lavande vraie plutôt que de la menthe poivrée, on sent la fraîche odeur de la Provence !

Vitres propres

- 250 ml (1 tasse) de vinaigre blanc
- 8 gouttes d'HE de citronnelle
- 8 gouttes d'HE menthe poivrée
- 100 ml (½ tasse) d'eau

Mélanger et vaporiser sur les vitres.

La citronnelle et le vinaigre tiendront les insectes éloignés !

Papier journal pour les vitres

Laver les vitres à l'eau savonneuse avec une éponge, essuyer avec un chiffon, vaporiser ensuite de l'eau vinaigrée et essuyer de nouveau, cette fois avec du papier journal

Les vitres seront parfaitement transparentes. Le chiffon doit être conservé pour les vitres à cadre blanc, que le journal tacherait.

Dans la cuisine

Cuisinière

Mélange de 45 ml (3 c. à soupe) de bicarbonate de soude et 15 ml (1 c. à soupe) d'eau.

Rincer avec un linge mouillé imbibé de vinaigre blanc

Four

Mélanger 250 ml (1 tasse) de bicarbonate de soude et 65 ml (1/4 de tasse) de cristaux de soude).

Humidifier le four et recouvrir les taches avec le mélange. Laisser reposer quelques heures

Récurer et rincer avec un linge imbibé de vinaigre blanc.

Réfrigérateurs et congélateurs

• Vinaigre chaud ou jus de citron auquel on peut ajouter 5 ml (1 c. à café) de nettoyant multi-usage

Pour un réfrigérateur entretenu normalement, le nettoyage se fait simplement 2 fois par mois dans tous les recoins, parois comprises.

Lave-vaisselle

• Vinaigre blanc pur

Verser un peu de vinaigre blanc dans le lave-vaisselle et ensuite utiliser une marque de détergent économique.

Pour déloger la graisse

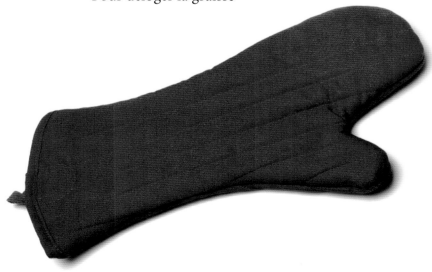

Lave-vaisselle

• 175 (3/4 de tasse d'eau de Javel)
• 500 ml (2 tasses) de vinaigre blanc

Ajouter 175 ml (3/4 de tasse) d'eau de Javel à l'eau du premier lavage. Mettre ensuite 500 ml (2 tasses) de vinaigre dans l'eau de rinçage et terminer en refaisant un cycle de lavage complet en utilisant du savon pour le lave-vaisselle.

Pour enlever les accumulations de calcaire dans le lave-vaisselle.

Verrerie au lave-vaisselle

• 125 ml (1/2 tasse) d'eau de Javel)
• 125 ml (1/2 tasse) de vinaigre blanc

Ajouter 125 ml (1/2 tasse) d'eau de Javel à l'eau de lavage du lave-vaisselle et 125 ml (1/2 tasse) de vinaigre à l'eau de rinçage.

Le vinaigre neutralisera l'eau de Javel et aidera à neutraliser les traces de savon sur la verrerie.

Pour détartrer bouilloires, fers à vapeur et cafetières

• Mélange égal de vinaigre et d'eau

Faire bouillir un mélange d'eau et de vinaigre dans l'appareil

Pour nettoyer les dépôts de minéraux

Détartrer un percolateur

• Remplir le réservoir avec 4/5 d'eau et 1/5 de vinaigre

Laisser couler le mélange jusqu'à la moitié et laisser reposer 1/4 d'heure, puis laisser le réservoir se vider, éteindre et laisser à nouveau reposer 1/4 d'heure.

Rincer en laissant couler un ou deux réservoirs d'eau claire.

Détartrer un fer à repasser

• 1/4 de vinaigre pour 3/4 d'eau.

Remplir le réservoir d'un mélange dilué eau et vinaigre.

Laisser chauffer et évacuer le mélange comme si on repassait.

Évier en acier inoxydable taché de rouille

• Pâte à base de vinaigre blanc pur et de sel
• Vinaigre blanc pur

Placer un chiffon imbibé de vinaigre sur la tache et laissez agir pendant une demi-heure. Frotter ensuite avec un mélange de sel et de vinaigre.

Odeurs de cuisson

Faire bouillir doucement une quantité égale de vinaigre blanc et d'eau, avec quelques clous de girofle, des feuilles de laurier ou du zeste de citron.

Fait disparaître les odeurs de cuisson.

Fonds de casseroles brûlées

• 30 ml (2 c. à soupe) de bicarbonate de soude et du vinaigre blanc.

Juste après la cuisson, ajouter un peu de vinaigre et de sel. Laisser tremper. Si cela ne fonctionne pas, faire bouillir 10 minutes de l'eau avec 30 ml (2 c. à soupe) de bicarbonate de soude et du vinaigre blanc.

Culs de casseroles

• Vinaigre blanc pur

Faire tremper la casserole (y mettre de l'eau pour qu'elle ne flotte pas) dans de l'eau vinaigrée pendant une nuit.

Taches de café ou de thé sur la porcelaine

• Pâte de vinaigre blanc et de sel

Pour les faire disparaître, mouiller la tache avec du vinaigre blanc et frotter avec du sel. On peut également tremper l'objet dans un mélange concentré d'eau et de bicarbonate de soude, et ensuite récurer.

Dépôt de calcaire dans une carafe	• Gros sel • ½ litre (2 tasses) de vinaigre blanc Verser 3 poignées de gros sel dans un demi-litre de vinaigre blanc dans le récipient. Agiter énergiquement et laisser agir. Rincer ensuite à l'eau claire et chaude.
Pour polir le métal en général	• Pâte de sel, farine et vinaigre Faire une pâte avec un mélange de vinaigre + sel + farine Frotter le métal avec un chiffon et cette pâte. Laver ensuite à l'eau très chaude et lustrer.
Laiton et cuivre	• Pâte de sel et vinaigre blanc pur Polir avec une pâte maison comprenant une quantité égale de sel et de vinaigre blanc Rincer avec de l'eau très chaude et lustrer.
Acier inoxydable	• Vinaigre blanc pur Nettoyer l'acier inoxydable à l'eau chaude savonneuse et le polir avec un chiffon humecté de vinaigre blanc.

Pour les tapis

• 62 ml (¼ de tasse) de vinaigre blanc dilué dans 1 litre (4 tasses) d'eau chaude

Frotter avec un linge ou une brosse trempée au préalable dans le mélange vinaigré. La plupart des taches peuvent être lavées délicatement avec une éponge imbibée d'une quantité égale d'eau et de vinaigre blanc. On doit toujours frotter autour de la tache, en allant vers le centre afin de ne pas l'agrandir.

Pour nettoyer et désodoriser les tapis et les meubles faits de produits synthétiques et leur redonner leur éclat: Éliminer les taches avant qu'elles ne s'incrustent. Éponger par la suite avec des chiffons ou des serviettes propres.

Pour les taches d'aliments, les enlever en grattant et saupoudrer ensuite délicatement de la fécule de maïs ou du bicarbonate de soude pour absorber le liquide et la graisse, puis laisser sécher. Passer l'aspirateur ou enlever avec une brosse. On éponge ensuite la tache avec un mélange à parts égales d'eau et de vinaigre blanc.

Pour les meubles en bois

• 75 ml (5 c. à soupe) de vinaigre blanc
• 75 ml (5 c. à soupe) d'huile d'olive
• 15 gouttes d'HE citron

Utiliser un flacon muni d'un vaporisateur. Le mélange est beaucoup plus efficace lorsque chaud.

Vaporiser la surface à traiter et frotter avec un chiffon doux.

Dans la salle de bains

Vitres de douches entartrées et pleines de savon

• Vinaigre blanc pur

Frotter avec une éponge imbibée de vinaigre chaud pur.

Calcaire incrusté

• Vinaigre blanc pur

S'il y a des traces de calcaire qui ne partent pas sur des tuiles de céramique, imbiber de vinaigre du papier hygiénique ou un essuie-tout et le poser sur la tache. Laisser reposer de quelques minutes à quelques heures puis passer l'éponge et rincer.

Pour les dépôts de tartre dans les robinets et les pommes de douche

Employer du vinaigre blanc pur pour détartrer.

Répéter l'opération plusieurs fois pendant une heure et utiliser une vieille brosse à dent imbibée de bicarbonate de soude afin d'enlever les traces qui s'incrustent dans les recoins.

Moisissures

• Vinaigre blanc pur

Laver les surfaces moisies, comme les rideaux de douche et les cadres de fenêtre, avec du vinaigre. Laisser évaporer sans rincer. Répéter ce traitement de temps en temps afin d'empêcher la réapparition de moisissures.

Nettoyant pour la toilette

- 500 ml (2 tasses) de vinaigre blanc
- 125 ml (¼ tasse) d'eau
- 10 ml (2 c. à café) d'HE de tea tree
  ou d'HE pamplemousse 30%
  ou d'HE citron 20%
  ou d'HE de pin Douglas 20%
  ou d'HE d'eucalyptus radiata 10%

Mélanger le tout dans flacon de 500 ml (2 tasses) muni d'un vaporisateur

Vaporiser sur les parois de la toilette et laisser agir 15 à 20 minutes, puis brosser.

Toilettes tachées

- 30 à 45 ml (2 à 3 c. à soupe) de bicarbonate de soude
- 30 à 45 ml (2 à 3 c. à soupe) de sel fin
- 200 ml (¾ tasse) de vinaigre blanc
- 200 ml (¾ tasse) d'eau bouillante

Mélanger les ingrédients et les verser dans la cuvette.

Brosser, laisser agir, brosser à nouveau. Si les taches sont vraiment tenaces, faire d'abord tremper du vinaigre bouillant toute la nuit. Brosser. (Ne pas utiliser de métal sur la porcelaine)

Pour la lessive

• Vinaigre blanc

Un mélange de vinaigre et d'eau, du jus de citron ou du vinaigre non dilué est tout aussi efficace et moins dommageable que l'eau de javel pour les vêtements et pour l'environnement.

Le vinaigre blanc rend les couleurs éclatantes, donne une blancheur immaculée au linge, efface les taches de transpiration, enlève la saleté, rend souplesse et fraîcheur au linge. Pour faire disparaître des taches plus tenaces, on peut utiliser du peroxyde d'hydrogène mais il est plus prudent de lire les étiquettes d'entretien des tissus avant d'utiliser toute forme d'agent de blanchiment.

Assouplissant

• 200 ml (¾ de tasse) de vinaigre additionné d'une dizaine de gouttes d'huile essentielle de lavandin

Ajouter au rinçage.

Eau de repassage

Préparer un mélange d'un litre (4 tasses) d'eau déminéralisée avec 5 ml (1 c. à café) de vinaigre blanc et 15 à 20 gouttes d'huile essentielle de lavande ou de lavandin

Mettre dans un vaporisateur de 250 ml (1 tasse) et bien agiter avant usage

Vaporiser sur les vêtements au moment du repassage.

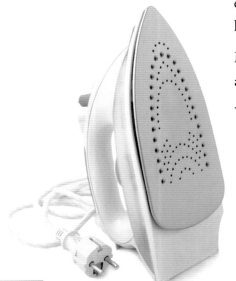

Diminuer la statique

• De 62 ml (1/4 de tasse) à 125 ml (1/2 tasse) de vinaigre blanc

Ajouter le vinaigre blanc au dernier cycle de rinçage.

Ajouter au dernier cycle de rinçage et idéalement, faire sécher les vêtements sur la corde à linge.

Couleurs

Mélanger 125 ml (¼ de tasse) de vinaigre blanc dans un bac d'eau

Tremper le vêtement dans un mélange d'eau et de vinaigre.

Pour fixer la couleur et empêcher qu'il ne déteigne sur les autres vêtements.

Transpiration

• Vinaigre blanc pur

Avant le lavage, prendre la précaution d'imbiber les emmanchures de vinaigre blanc, de laisser agir un peu, puis de laver comme d'habitude.

Le vinaigre blanc enlève les odeurs de transpiration, notamment pour les vêtements en lycra.

Mauvaise herbe

• Vinaigre blanc pur

Le vinaigre non dilué permet d'anéantir l'herbe qui se trouve entre les briques ou sur certaines zones de trottoir craquelées à proximité de la maison. Projeter du vinaigre en spray vers les mauvaises herbes pour les tuer, en évitant les zones saines.

Fourmis

• Vinaigre blanc pur

Vaporiser du vinaigre autour des portes et des endroits où les fourmis sont généralement attirées, pour les tenir à l'écart. Si une colonie de fourmis a trouvé le chemin de la boîte à sucre, laver le sol et les éléments de cuisine avec du vinaigre.

Chats

• Vinaigre blanc pur

Asperger régulièrement de vinaigre les endroits du jardin ou du terrain où on ne veut pas que les chats mettent les pattes. Le vinaigre blanc est aussi efficace pour effacer les odeurs d'urine de chat. Il suffit de passer du vinaigre à l'endroit du délit (en lavant avant).

Teigne chats & chiens

• 125 ml (1/2 tasse) de vinaigre de cidre de pommes
• 2,5 ml (1/2 c. à café) d'HE de tea tree
• 5 ml (1 c. d'HE) de lavande

Secouer énergiquement

Appliquer deux fois par jour avec une boule de coton sur la zone affectée.

Fleurs coupées

• Ajouter 10 ml (2 c. à café) de vinaigre
• 5 ml (1 c. à café) de sucre à 250 ml (1 tasse) d'eau

Les fleurs fraîchement coupées dureront plus longtemps.

Traces de calcaire

• 1 part de vinaigre et 7 parts d'eau

Laisser tremper les pots en terre cuite tachés de dépôt calcaire pendant 24 heures et rincer les pots à l'eau claire.

Laitue

• Quelques gouttes de vinaigre blanc pur

Dans l'eau de lavage de la laitue

Quelques gouttes de vinaigre blanc dans l'eau de lavage de la salade élimineront tous les insectes qui pourraient s'y trouver.

Vomi

• Moitié vinaigre blanc et moitié eau gazeuse ou eau minérale

Mélanger

Pour détacher un tapis, un canapé en tissu ou autre tissu taché (urine de chat, graisse, vomi...) Tamponner avec une éponge, laisser reposer une minute et frotter légèrement.

Bottes

• Vinaigre blanc pur

Nettoyer les bottes chaque soir ou au moins une fois par semaine si elles sont portées tous les jours.

Les essuyer tous les jours avec un chiffon humide pour enlever le sable et la gadoue. Faire disparaître les taches de sel sur les bottes d'hiver en les frottant avec une éponge imbibée de vinaigre blanc. Ne jamais utiliser d'eau chaude ni de savon. Bien imbiber le cuir avec du vinaigre, le frotter et l'éponger, puis l'essuyer avec un linge sec et laisser sécher loin des sources de chaleur.

Pour la plomberie

• 250 ml (1 tasse) de bicarbonate de soude
• 250 ml (1 tasse) de sel fin

Dans un bocal de 500 ml (2 tasses), mélanger bicarbonate et sel.

Mettre 45 ml (3 c. à soupe) du mélange dans la tuyauterie, verser ensuite de l'eau bouillante vinaigrée. (1/3 de vinaigre pour 2/3 d'eau)

Bijoux

Quantité égale de lait et de vinaigre

Tremper les chaînes ou les objets extrêmement détaillés dans ce mélange pendant une ou deux heures. Laver par la suite à l'eau chaude savonneuse et polir en faisant sécher.

Pinceaux

• Vinaigre blanc pur

Pour des pinceaux qui sont collés et séchés, faire bouillir du vinaigre blanc et les tremper dedans : ils ressortiront propres et souples.

3ᵉ PARTIE

Recettes délicieuses

Les recettes qui suivent sont notées selon leur difficulté et leur valeur pour la santé :

Difficulté :

X1 : recette facile et rapide

X2 : recette moyenne

X3 : recette plus difficile

X4 : recette difficile
ou nécessitant plus de préparation

Note santé :

Plus il y a de ♡, plus la recette convient à tous les types de régimes alimentaires.

Porc

Jambon glacé au cidre de pommes

*Une recette authentique qui permet d'apprécier pleinement les goûts francs
et rassurants de la pomme et de l'érable.*

DIFFICULTÉ |

NOTE SANTÉ |

Préparation   10 minutes

Cuisson   2 heures

Ingrédients
Pour 6 à 8 personnes

- Un demi-jambon avec ou sans os d'environ 2,5 kg (5 livres)
- 500 ml (2 tasses) jus de pomme
- 250 ml (1 tasse) sirop d'érable
- Poivre
- 7 ou 8 clous de girofle entiers (au goût)
- 2 ml (½ c. à thé) clou de girofle moulu
- 5 ml (1 c. à thé) graines de moutarde
- 5 ml (1 c. à thé) gingembre moulu
- 62,5 ml (¼ tasse) vinaigre de cidre de pommes

Préparation

- Dans une grande casserole, couvrir à demi le jambon d'eau fraîche. Ajouter le jus de pomme, 125 ml (½ tasse) de sirop d'érable, le poivre, les clous de girofle moulus et entiers, les graines de moutarde et la moitié du gingembre.

- Porter à ébullition à feu moyen et laisser mijoter à feu doux pendant 30 à 40 minutes.

- Préchauffer le four à 140°C (275°F). Déposer le jambon dans une rôtissoire. Mélanger le reste des ingrédients au sirop d'érable et verser le mélange sur le jambon.

- Mettre au four pendant environ 90 minutes (ou jusqu'à ce que votre thermomètre à viande indique 60°C [140ºF]). Arroser fréquemment le jambon en cours de cuisson. Ajouter un peu d'eau si le jus de cuisson devient trop épais ou s'il tend à se caraméliser.

- Lorsque le jambon est cuit, servir chaud en tranches minces arrosées du jus de cuisson.

Rôti de porc au vinaigre de cidre

*Une recette délicieusement parfumée par le persil et l'ail qui s'acoquinent
pour donner au vinaigre de cidre toute sa noblesse*

DIFFICULTÉ |

NOTE SANTÉ |

Marinade	12 heures
Préparation	30 minutes
Cuisson	70 minutes

Ingrédients
Pour 6 personnes

- 2 carottes
- 4 échalotes françaises
- 2 gousses d'ail
- 1 bouquet de persil frais
- 500 ml (2 tasses) de vinaigre de cidre
- 3 feuilles de laurier
- Une branche de thym
- Sel et poivre
- Un rôti de porc de 2 kg (4,4 livres)
- 250 ml (1 tasse) de coulis de tomate

Préparation

- Émincer carottes, échalotes, ail, persil et mettre le tout dans un plat creux.

- Ajouter le vinaigre de cidre, disposer le laurier et le thym. Saler, poivrer. Placer le rôti et mélanger le tout.

- Faire mariner pendant une journée au frigo, en retournant le rôti toutes les 2 heures.

- Sortir le rôti et les légumes de la marinade, bien égoutter et mettre dans un plat à four.

- Placer dans un four chaud, réglé sur 200°C (400°F). Au bout de 20 minutes, arroser avec le jus de la marinade puis abaisser la température du four à 150°C (300°F). Faire cuire 60 minutes en retournant régulièrement le rôti.

- Verser le coulis de tomate, couvrir le plat et laisser encore mijoter 10 minutes.

- Servir avec une purée de légumes, du chou ou des carottes cuites. Utiliser le fond de cuisson pour préparer la sauce d'accompagnement.

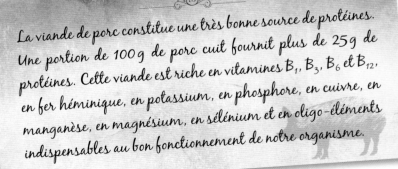

La viande de porc constitue une très bonne source de protéines. Une portion de 100 g de porc cuit fournit plus de 25 g de protéines. Cette viande est riche en vitamines B_1, B_3, B_6 et B_{12}, en fer hémique, en potassium, en phosphore, en cuivre, en manganèse, en magnésium, en sélénium et en oligo-éléments indispensables au bon fonctionnement de notre organisme.

Carré de porc aux poires et au vinaigre

Incroyablement juteux et délicatement sucré par les poires, le carré de porc dans cette recette de l'union parfaite du vinaigre et le genièvre...

Préparation	10 minutes
Cuisson	1 heure
Temps de repos	10 minutes

DIFFICULTÉ |

NOTE SANTÉ | ♡ ♡ ♡

Ingrédients
Pour 4 personnes

- 45 ml (3 c. à soupe) d'huile d'olive
- 1,3 kg (2,6 livres) de carré de porc
- Sel et poivre
- 4 poires juteuses et fermes de type Bosc
- 125 ml (½ tasse) de vinaigre de vin blanc ou de vinaigre balsamique blanc
- 5 ml (1 c. à café) de quatre-épices
- 5 ml (1 c. à café) de baies de genièvre écrasées
- 5 feuilles de sauge
- 15 ml (1 c. à soupe) de beurre

Préparation

- Chauffer l'huile dans une grande cocotte à fond épais. Faire rissoler le carré de porc 2 minutes sur feu assez vif. Saler et poivrer, puis faire rissoler sur feu plus modéré 8 minutes.

- Pendant ce temps, peler les poires et enlever le cœur et les fibres du milieu.

- Arroser le carré de porc de vinaigre. Dès qu'il s'est évaporé, ajouter les poires coupées en quartiers et saupoudrer de quatre-épices, puis de baies de genièvre écrasées et de sauge effritée entre les doigts.

- Couvrir la cocotte et laisser cuire doucement 45 minutes en retournant le carré et les poires de temps en temps.

- Retirer la viande et les poires du récipient et dégraisser le jus à l'aide d'une écumoire.

- Laisser reposer le carré pendant 10 minutes dans une assiette et verser le jus obtenu dans la cocotte. Porter le tout à ébullition, ajouter le beurre et laisser épaissir 1 minute.

- Trancher le carré et napper la viande de la sauce. Servir avec les demi-poires.

Filets de porc au vinaigre balsamique

*Tendres et savoureux, les filets de porc se joignent au miel
et au vinaigre balsamique pour un pur délice !*

DIFFICULTÉ	🍳
NOTE SANTÉ	♡ ♡ ♡

Préparation	15 minutes
Marinade	1 heure
Cuisson	18 à 20 minutes
Temps d'attente	5 minutes

Ingrédients
Pour 6 personnes

• 30 ml (2 c. à soupe) de miel liquide

• 30 ml (2 c. à soupe) de moutarde
  à l'ancienne (moutarde de Meaux)

• 30 ml (2 c. à soupe) de vinaigre balsamique

• 15 ml (1 c. à soupe) d'huile d'olive

• 1 gousse d'ail hachée finement

• Une pincée de sel

• Une pincée de poivre

• 2 filets de porc parés

Ces filets de porc sont délicieux cuits sur le barbecue ou à la poêle. Le miel contenu dans la marinade aigre-douce fait caraméliser la viande pendant la cuisson et forme une croûte fort goûteuse.

Préparation

• Dans un plat peu profond, mélanger le miel, la moutarde à l'ancienne, le vinaigre balsamique, l'huile d'olive, l'ail haché, le sel et le poivre. Ajouter les filets de porc et bien les enrober du mélange puis couvrir d'une pellicule plastique.

• Laisser mariner pendant au moins 1 heure. Les filets peuvent se conserver jusqu'à 24 heures au réfrigérateur.

• Préchauffer le barbecue au gaz à puissance moyenne élevée. Retirer les filets de porc de la marinade (la réserver) et les mettre sur la grille huilée du barbecue. Badigeonner les filets avec le reste de la marinade. Couvrir et cuire pendant 18 à 20 minutes ou jusqu'à ce que les filets de porc soient dorés à l'extérieur et encore légèrement rosés à l'intérieur (retourner les filets de porc de temps à autre en cours de cuisson).

• Déposer les filets de porc sur une planche à découper, les couvrir de papier d'aluminium et les laisser reposer pendant 5 minutes. À l'aide d'un couteau bien aiguisé, les couper en tranches de ½ po. (1 cm) d'épaisseur.

• Servir avec des pommes de terre grillées au four et un légume vert.

Porc Vindaloo au balsamique blanc

Cette recette aux notes indiennes est inspirée par le mélange d'épices,
les parfums du balsamique blanc et de la coriandre.

DIFFICULTÉ |

NOTE SANTÉ |

Préparation	20 minutes
Marinade	1 heure (minimum)
Cuisson	2 heures

Préparation

- Déposer les cubes de viande dans un saladier. Dans un mortier, mélanger toutes les épices et les broyer ensemble, puis ajouter le vinaigre. Ajouter ce mélange à la viande et bien l'enrober. Couvrir avec du film alimentaire et laisser mariner au frais pendant au moins 1 heure.

- Chauffer l'huile d'olive dans une cocotte et faire revenir l'oignon jusqu'à ce qu'il soit tendre et transparent. Ajouter la pulpe de tomate, la viande et la marinade. Couvrir et cuire à feu doux pendant environ 2 heures, ou jusqu'à ce que la viande soit tendre et bien cuite.

- Si nécessaire, ajouter de petites quantités d'eau ou de bouillon de poulet pendant la cuisson afin que la viande ne se dessèche pas. Remuer de temps en temps.

- Retirer la cocotte de la chaleur et saupoudrer avec la coriandre hachée. Servir sans attendre, en accompagnant de riz basmati.

Ingrédients
Pour 6 personnes

- 800 g (1 livre ¾) de cubes de porc à ragoût (dans l'épaule)

- 1 feuille de laurier

- 4 clous de girofle

- 1 bâton de cannelle

- 5 ml (1 c. à café) de grains de poivre noir

- 5 ml (1 c. à café) de moutarde sèche

- 5 ml (1 c. à café) de gingembre en poudre

- 5 ml (1 c. à café) de paprika doux

- 5 ml (1 c. à café) de safran

- 2 ml (½ c. à café) de curcuma

- 5 ml (1 c. à café) de cari en poudre

- 2 ml (½ c. à café) de piment moulu

- Sel et poivre

- 125 ml (½ tasse) de vinaigre balsamique blanc

- 1 gros oignon haché

- 4 gousses d'ail finement hachées

- 45 ml (3 c. à soupe) de pulpe de tomate

- 75 ml (5 c. à soupe) d'huile d'olive

- Coriandre fraîche hachée

- Eau ou bouillon de poulet

Poissons & Fruits de mer

Huîtres à la coriandre et au vinaigre de riz

*La coriandre vient souligner le côté festif de cette recette
qui équilibre superbement des notes d'Orient et d'Occident.*

Difficulté |

Note santé | ♡ ♡ ♡ ♡ ♡

Préparation   5 minutes

Temps d'attente   1 heure

Ingrédients

- 48 huîtres
- 1 échalote française hachée finement,
- 1 morceau de gingembre de 2,5 cm (1 po) de diamètre
- ½ concombre anglais pelé
- ½ botte de coriandre fraîche
- 250 ml (1 tasse) de vinaigre de riz
- Poivre noir frais moulu

Préparation

- Mélanger tous les ingrédients (sauf les huîtres) et laisser mariner au réfrigérateur pendant une heure, pour que les saveurs fusionnent.
- Garnir les huîtres et servir.

Les vinaigres sont les partenaires naturels des huîtres et, lorsque bien choisis, ils leur confèrent toute leur saveur. L'huître est une source de vitamines, de fer, de cuivre et surtout d'iode, éléments indispensables à l'organisme. Les huîtres sont riches en vitamine B$_{12}$ et en fer. Dépendant de la taille de l'huître, on sert habituellement de 6 à 12 huîtres par personne en entrée, et le double en plat principal.

Huîtres au vinaigre de vin blanc et au pastis

Cette recette d'inspiration provençale rappelle le chaud soleil du sud de la France !

DIFFICULTÉ |

NOTE SANTÉ | ♡ ♡ ♡ ♡ ♡

Préparation   5 minutes

Il est plus facile de servir les huîtres lorsqu'elles reposent sur un lit de gros sel (sur une plaque à biscuits, par exemple), qui les empêche de bouger et de perdre ainsi leur garniture !

Ingrédients

- 24 huîtres
- 60 ml (4 c. à soupe) de vin blanc sec
- 60 ml (4 c. à soupe) de vinaigre de vin blanc
- 30 ml (2 c. à thé) de pastis
- 1 échalote française finement hachée

Préparation

- Mélanger les ingrédients et napper 24 grosses huîtres de quelques gouttes du mélange.
- Servir immédiatement.

Huîtres au vinaigre de Champagne

Les huîtres donnent au vinaigre de Champagne l'occasion d'une grande réussite qui ravira les palais les plus exigeants.

DIFFICULTÉ | 🧑‍🍳

NOTE SANTÉ | ♡ ♡ ♡

Cuisson 2 minutes

Attente 25 minutes

Préparation

- Combiner les ingrédients de la vinaigrette et laisser reposer 25 minutes.

- Pendant ce temps, parsemer 12 grosses huîtres de noisettes de beurre non salé et gratiner au four 1 ou 2 minutes à gril.

- Ajouter le persil à la vinaigrette et en napper chaque huître chaude de quelques gouttes. Garnir avec des raisins de Corinthe frais ou des raisins rouges sans pépins finement hachés (qui équilibrent le goût acidulé du vinaigre).

- Servir immédiatement.

Ingrédients

- 12 grosses huîtres

Vinaigrette

- 15 ml (1 c. à soupe) de vinaigre de Champagne
- 15 ml (1 c. à soupe) d'échalote française
- Une pincée de sucre
- Poivre noir frais moulu
- Quelques branches de persil italien ciselé

Gratin

- Beurre non salé

Garniture

- Raisins de Corinthe frais ou raisins rouges sans pépins finement hachés

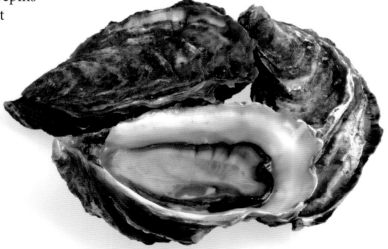

Huîtres à la sauce soja et au vinaigre balsamique

Vive le balsamique ! L'acidité du vinaigre permet de faire ressortir le goût subtil de l'huître.

DIFFICULTÉ |

NOTE SANTÉ | ♡ ♡ ♡ ♡ ♡

Préparation   5 minutes

Ingrédients

- 24 huîtres
- 60 ml (4 c. à soupe) de vinaigre balsamique
- 60 ml (4 c. à soupe) de sauce soya
- 60 ml (4 c. à soupe) de jus de citron
- ½ poivron rouge finement haché
- 2 oignons verts finement hachés
- 1 pincée de sucre
- 1 pincée de poivre noir frais moulu

Préparation

- Combiner les ingrédients et garnir 24 huîtres de quelques gouttes de cette vinaigrette.

Quelques variétés d'huîtres

Au Nouveau-Brunswick, on retrouve l'huître BeauSoleil, une huître de forme ronde ou oblongue, dépourvue de sable, à la chair ferme et au goût délicat. La Caraquet, est plus charnue et très fraîche en bouche.

À l'île du Prince-Édouard, on retrouve la Malpèque, à la chair délicate, fondante et plus salée que les autres. La Raspberry Point possède une chair au goût franc, laissant une note sucrée en fin de bouche. La South Lake est cultivée pour sa chair juteuse et salée.

À Long Island, dans l'état de New York, on cultive l'huître Blue Point de forme arrondie, charnue à la texture crémeuse.

Filets de truite « express »

Cette recette se réalise en un tournemain et permet d'apprécier le goût fin de la truite joint à celui du vinaigre de cidre et de l'estragon. Un pur régal !

DIFFICULTÉ	🧑‍🍳
NOTE SANTÉ	♡ ♡ ♡ ♡

Préparation   5 minutes

Cuisson   25 minutes

La chair de la truite est riche en acides gras polyinsaturés tels que les Omega-3, ainsi qu'en vitamines, fer et oligo-éléments.

Ingrédients

Pour 2 personnes

- 2 filets de truite
- 1 oignon en quartiers
- 1 poivron vert coupé en lanières
- 5 ml (1 c. à thé) d'estragon
- 30 ml (2 c. à soupe) de vinaigre de cidre de pommes
- Sel d'ail et poivre

Préparation

- Huiler une grande feuille de papier d'aluminium et y déposer les filets.
- Couvrir le poisson du reste des ingrédients et refermer le papier. Envelopper d'une deuxième feuille de papier d'aluminium.
- Cuire au four 30 minutes à 180°C (350° F).

Darnes de saumon parfumées à la limette

La limette fait vibrer les notes acidulées du vinaigre de pommes pour un mélange parfait !

DIFFICULTÉ | 🍳

NOTE SANTÉ | ♡ ♡ ♡ ♡ ♡

Préparation   10 minutes
Marinade   1 heure
Cuisson   8 à 10 minutes

Ingrédients
Pour 4 personnes

- 90 ml (1/3 de tasse) d'huile d'olive
- 30 ml (2 c. à soupe) de vinaigre de cidre de pommes
- 2,5 ml (½ c. à thé) de jus d'ail
- Jus de ½ limette
- Zeste d'une limette
- 2,5 ml (½ c. à thé) de poivre de Cayenne
- 2,5 ml (½ c. à thé) de poivre noir moulu
- 2,5 ml (½ c. à thé) de sel de mer
- 2,5 ml (½ c. à thé) d'aneth
- 4 darnes de saumon

Préparation

- Dans un bol, mélanger la moitié de l'huile, le vinaigre, le jus d'ail, de limette, le zeste de limette, le poivre de Cayenne, le poivre le sel de mer et l'aneth.

- Déposer le poisson dans le plat, bien l'enrober du mélange et le laisser mariner 1 heure au réfrigérateur.

- Verser l'autre moitié de l'huile dans une poêle antiadhésive et faire cuire les darnes de 4 à 5 minutes par côté, selon leur épaisseur.

Le saumon est un des poissons les plus riches en Omega-3, un acide gras qui protège le système cardio-vasculaire. Il contient également des quantités intéressantes de vitamines A et D, ainsi que du magnésium.

Saumon au vinaigre d'érable

*Caviar, whisky, saumon et vinaigre d'érable font de cette recette
un riche amalgame au goût intense et savoureux.*

DIFFICULTÉ | 👨‍🍳 👨‍🍳

NOTE SANTÉ | ♡ ♡ ♡ ♡

Préparation   30 minutes

Cuisson   10 minutes

Ingrédients
Pour 4 personnes

Sauce

- 60 ml (4 c. à soupe) vinaigre d'érable ou
  45 ml (3 c. à soupe) de vinaigre blanc et
  15 ml (1 c. à soupe) de sirop d'érable

- 60 ml (4 c. à soupe) de vin blanc sec

- 10 grains de poivre noir

- 60 ml (4 c. à soupe) de crème 35%

- 125 ml (½ tasse) de beurre froid

- Ciboulette hachée

Escalopes

- 4 escalopes de saumon sans peau

- 1 pincée de sel

- 15 ml (1 c. à soupe) de whisky (facultatif)

- 15 ml (1 c. à soupe) de sucre d'érable
  granulé ou de cassonade

- 15 ml (1 c. à soupe) de caviar de truite ou
  de saumon

- Brindilles de ciboulette

Préparation

Sauce

- Pour préparer la sauce, faire réduire le
  vinaigre d'érable et le vin blanc en y faisant
  infuser les grains de poivre jusqu'à ce qu'il
  ne reste que deux cuillerées à soupe de
  liquide.

- Ajouter la crème, faire bouillir puis, dés
  par dés, ajouter le beurre froid en fouettant
  légèrement, jusqu'à ce que la sauce ait
  une consistance veloutée. Passer au tamis,
  ajouter de la ciboulette hachée. Réserver au
  chaud.

Escalopes

- Saler légèrement les escalopes de saumon,
  les badigeonner de whisky et saupoudrer de
  sucre d'érable granulé ou de cassonade.

- Déposer les escalopes de saumon dans un
  poêle antiadhésive sans matière grasse.
  Laisser cuire 5 minutes en
  retournant. Saler.

- Dresser un cordon
  de sauce sur les assiettes,
  y déposer les escalopes
  de saumon et garnir
  de caviar de truite
  et de brindilles de
  ciboulette entières.

Gibiers & Volailles

Poulet à l'origan et aux olives

*La cuisson lente et la marinade délicieuse permettent
à tous les goûts de ce plat au four de bien se mélanger.*

DIFFICULTÉ | 👨‍🍳 👨‍🍳

NOTE SANTÉ | ♡ ♡ ♡ ♡ ♡

Préparation	10 minutes
Marinade	3 heures
Cuisson	1 heure

Ingrédients
Pour 6 personnes

- 2 poitrines et 4 cuisses de poulet
- 90 ml (1/3 de tasse) de vinaigre de cidre de pommes
- 1 petite boîte de tomates étuvées
- 2 poivrons verts coupés en gros morceaux
- 1 oignon haché
- 1 gousse d'ail émincée
- 5ml (1 c. à thé) d'origan
- 5ml (1 c. à thé) de thym
- Sel et poivre
- 90 ml (1/3 de tasse) d'huile d'olive
- 20 olives vertes

Préparation

- Placer le poulet dans une cocotte. Ajouter le vinaigre, les tomates, les poivrons, l'oignon, l'ail, les épices le sel et le poivre.

- Laisser mariner 3 heures au réfrigérateur.

- Retirer le poulet, l'essuyer et le faire dorer dans l'huile d'olive, puis le remettre dans la cocotte.

- Ajouter les olives, couvrir et cuire au four 1 heure à 180°C (350°F).

Le poulet est une excellente source de protéines, de niacine, d'acide pantothénique, de fer, de zinc, de phosphore et d'acides aminés. Les poivrons, cuits ou crus, rouges, jaunes ou verts sont une excellente source de vitamine C et de vitamine A, et une bonne source de potassium. Ils contiennent de la vitamine B_6 et de l'acide folique. Quant à l'ail, sa réputation d'antioxydant n'est plus à faire : source naturelle de nutriments, il contient du potassium, du soufre et de nombreux oligoéléments.

Poulet caramélisé aux poivrons

La chair du poulet est délicieuse caramélisée et enrobée de l'arôme des épices tandis que le vinaigre balsamique fait ressortir la saveur des poivrons.

DIFFICULTÉ |

NOTE SANTÉ |

Préparation : 30 minutes
Cuisson : 1h10

Ingrédients
Pour 6 personnes

- Sel et poivre du moulin
- 1 gros poulet coupé en morceaux ou 6 cuisses
- 30 ml (2 c. à soupe) d'huile d'olive
- 6 poivrons (3 rouges + 3 jaunes)
- 4 à 6 gousses d'ail
- 30 ml (2 c. à soupe) de sucre
- 10 ml (2 c. à café) de cumin
- 5 ml (1 c. à café) de paprika
- 1 pincée de piment d'Espelette ou de Cayenne
- 10 ml (2 c. à café) d'origan
- 15 à 30 ml (1 à 2 c. à soupe) de vinaigre balsamique
- 24 olives noires
- Quelques feuilles de basilic frais

Préparation

- Saler et poivrer les morceaux de poulet. Les faire dorer à feu vif dans une cocotte avec l'huile d'olive, 5 minutes de chaque côté.

- Pendant ce temps, laver, épépiner et couper les poivrons en 8 lanières verticales. Peler les gousses d'ail et les couper en lamelles épaisses.

- Lorsque le poulet est bien doré, le réserver dans un plat et faire dorer les poivrons et l'ail dans la cocotte pendant 10 minutes en remuant souvent.

- Ajouter sucre, sel, poivre, cumin, paprika, piment et origan et laisser caraméliser 10 minutes.

- Verser le vinaigre et remettre les morceaux de poulet dans la cocotte. Bien remuer, couvrir et laisser cuire 30 minutes à feu doux.

- Au bout de ce temps, ajouter les olives et poursuivre la cuisson 10 minutes.

- Parsemer de basilic frais au moment de servir.

Poulet Sichuan aux nectarines et au vinaigre balsamique

Le balsamique rehausse ce plat de poulet d'une touche d'acidité tandis que la nectarine y ajoute une touche sucrée et parfumée !

DIFFICULTÉ |

NOTE SANTÉ | ♡ ♡ ♡ ♡

Préparation   10 minutes

Marinade   1 heure

Cuisson   20 minutes

Ingrédients
Pour 4 personnes

- 4 blancs de poulet
- 45 ml (3 c. à soupe) de vinaigre balsamique
- 30 ml (2 c. à soupe) d'huile d'olive
- Fleur de sel de Guérande
- Poivre du Sichuan
- 4 nectarines
- Piques à brochettes

Préparation

- Couper chaque filet de poulet en morceaux égaux et déposer dans un plat avec le vinaigre, l'huile d'olive, le sel et le poivre.

- Couvrir, placer au réfrigérateur et laisser mariner une heure.

- Préchauffer le four à 220°C (425°F).

- Laver soigneusement les nectarines, les couper en quartiers et enlever le noyau.

- Quand le poulet est mariné, l'enfiler sur des brochettes (trempées 30 minutes à l'eau froide), en l'intercalant avec une section de nectarine, en serrant bien.

- Saler et poivrer généreusement les brochettes puis enfourner 20 minutes environ en les retournant à mi-cuisson et en les arrosant avec le reste de marinade.

Rouleaux frais à la coriandre, au gingembre, à l'ail et au poulet

Cette recette délicieuse peut être servie chaude ou froide.
Elle fera une entrée idéale ou une divine collation.

DIFFICULTÉ |

NOTE SANTÉ | ♡ ♡ ♡ ♡

Préparation | 30 minutes
Cuisson | 10 minutes

Vous pouvez utiliser le brun de poulet (comme des hauts de cuisses) pour obtenir une viande tendre qui n'est pas sèche.

Ingrédients
Pour 3 personnes

- 30 ml (2 c. à soupe) d'huile végétale
- 125 ml (½ tasse) de graines de sésame
- 125 ml (½ tasse) de noix de pin
- 675 g (1,5 lb) de poulet émincé
- 62,5 ml (4 c. à soupe) d'ail émincé
- 62,5 ml (4 c. à soupe) de gingembre émincé
- 30 ml (2 c. à soupe) de sauce soja
- 125 ml (½ tasse) de sauce chili
- 165 ml (2/3 de tasse) de vinaigre de riz
- Un bouquet de coriandre fraîche
- Pita, tortilla ou laitue pour garnir

Préparation

- Chauffer l'huile, ajouter les graines de sésame et les noix de pin et faire revenir 2 minutes à feu vif jusqu'à ce qu'elles soient dorées.

- Ajouter le poulet, l'ail et le gingembre et cuire jusqu'à ce que le poulet soit bien doré.

- Mouiller avec la sauce soja, la sauce chili et le vinaigre de riz.

- Faire cuire à feu moyen 2 minutes supplémentaires et ajouter de la coriandre hachée.

- Garnir une pita, une tortilla ou une feuille de laitue avec la préparation. Rouler et servir.

Poulet grillé au vinaigre balsamique et à la fleur de sel

Un superbe plat d'été qui se cuisine également au BBQ !

DIFFICULTÉ | 👨‍🍳 👨‍🍳

NOTE SANTÉ | ♡ ♡ ♡

Préparation   10 minutes

Cuisson   60 minutes

Ingrédients
Pour 4 personnes

- 45 ml (3 c. à soupe) d'huile d'olive
- 45 ml (3 c. à soupe) de vinaigre balsamique
- Une pincée d'origan séché
- Une pincée de gros sel ou fleur de sel
- Poivre
- 8 pilons de poulet
- Piques à brochettes
- 187 ml (¾ de tasse) d'eau

Préparation

- Préchauffer le BBQ. Dans un bol, mélanger l'huile, le vinaigre balsamique, l'origan, le sel et le poivre.

- Enfiler les pilons sur les piques à brochettes (trempées 30 minutes à l'eau froide), et déposer les brochettes sur une grille dans un plat allant au four, de manière à ce que le poulet ne touche pas le fond du plat.

- Avec un pinceau, badigeonner les pilons du mélange de sauce. Mettre 125 ml (½ tasse) d'eau dans le fond du plat.

- Faire cuire au BBQ à intensité moyenne ou au four à 210°C (400°F). À mi-cuisson, déglacer le fond du plat avec une spatule en ajoutant le reste de l'eau. Retourner les brochettes de temps en temps afin que tous les côtés soient bien dorés et badigeonner les pilons avec l'assaisonnement restant à intervalles réguliers (environ 3 fois en tout).

- Servir avec une salade verte.

Poulet à la sauce glacé au vinaigre balsamique

Grâce au miel et au vinaigre balsamique, les épices et le poulet s'unissent dans un concerto de saveurs exotiques !

DIFFICULTÉ |

NOTE SANTÉ | ♡ ♡ ♡ ♡

Préparation	10 minutes
Cuisson	20 minutes

Ingrédients
Pour 4 personnes

- 60 ml (4 c. à soupe) de farine
- 1 ml (¼ c. à thé) de sel
- 1 ml (¼ c. à thé) de poivre noir du moulin
- 4 poitrines de poulet désossées
- 30 ml (2 c. à soupe) d'huile d'olive
- 3 gousses d'ail hachées finement
- 2 ml (½ c. à thé) de sauge (ou romarin) séchée
- 250 ml (1 tasse) de bouillon de poulet
- 30 ml (2 c. à soupe) de vinaigre balsamique
- 10 ml (2 c. à thé) de miel liquide
- 15 ml (1 c. à soupe) de persil frais, haché

Préparation

- Dans un sac de plastique, mélanger la farine, le sel et le poivre, ajouter les poitrines de poulet et secouer pour bien les enrober. Réserver le mélange de farine.

- Dans un grand poêlon à surface antiadhésive, chauffer la moitié de l'huile à feu moyen. Ajouter les poitrines de poulet et cuire pendant environ 12 minutes ou jusqu'à ce que le poulet ait perdu sa teinte rosée à l'intérieur (retourner les poitrines de poulet une fois en cours de cuisson). Retirer les poitrines de poulet du poêlon et les réserver au chaud dans un plat de service.

- Chauffer le reste de l'huile, ajouter l'ail et la sauge et cuire à feu doux pendant environ 1 minute ou jusqu'à ce que l'ail soit « tombé ».

- Ajouter le mélange de farine réservé et remuer à la cuillère de bois pendant 30 secondes. Ajouter le bouillon de poulet, le vinaigre balsamique et le miel et cuire jusqu'à ce que la sauce ait suffisamment épaissi pour napper le dos d'une cuillère.

- Dans le poêlon, remettre les poitrines de poulet réservées et le jus de cuisson accumulé dans le plat de service et les retourner pour les napper de sauce. Cuire pendant environ 1 minute ou jusqu'à ce que les poitrines de poulet soient glacées.

- Au moment de servir, parsemer du persil.

Pennines au poulet et aux poivrons

Plat de pâtes qui, en mijotant, décuple les saveurs et les arômes du basilic, de l'ail, du parmesan et des poivrons doux.

DIFFICULTÉ |

NOTE SANTÉ | ♡ ♡ ♡

Préparation   20 minutes

Cuisson   30 minutes

Ingrédients

Pour 4 personnes

- 15 ml (1 c. à soupe) d'huile
- 1 oignon émincé
- 2 gousses d'ail émincées
- 250 ml (1 tasse) de champignons tranchés
- 250 ml (1 tasse) de poivrons tranchés (1/3 rouges, 1/3 oranges, 1/3 jaunes)
- 2 poitrines de poulet en cubes
- 125 ml (½ tasse) bouillon de poulet
- 45 ml (3 c. à soupe) de vinaigre de cidre de pommes
- 385 ml (1 tasse ½) de pennines cuites al dente
- 385 ml (1 ½ tasse) de lait chaud
- 5 ml (1 c. à thé) de basilic
- 60 ml (4 c. à soupe) de persil frais
- 125 ml (½ tasse) de fromage parmesan râpé

Préparation

- Dans une grande poêle antiadhésive, faire chauffer l'huile et y faire sauter l'oignon émincé, l'ail, les champignons et les poivrons hachés.

- Ajouter le poulet et cuire 5 minutes à feu vif.

- Retirer le tout et déglacer avec le bouillon de poulet et le vinaigre.

- Remettre dans la poêle le mélange de poulet, de champignons et de poivrons et y incorporer les pennines cuites, le lait chaud, le sel, le poivre et terminer avec le fromage.

- Laisser mijoter jusqu'à consistance crémeuse.

- Décorer avec le basilic et le persil.

Lapin aux pruneaux et à la bière

Le vinaigre de xérès, la bière, les raisins et le thym apportent au lapin une riche saveur campagnarde qui rappelle les mijotés d'antan.

DIFFICULTÉ | 👨‍🍳 👨‍🍳 👨‍🍳

NOTE SANTÉ | ♡ ♡ ♡ ♡

Préparation — 30 minutes

Cuisson — 1 heure

Ingrédients

Pour 4 personnes

- 450 g (1 livre) de pruneaux dénoyautés
- 1,2 kilo (2,6 livres) de lapin découpé en morceaux
- 15 ml (1 c. à soupe) de beurre
- 2 oignons émincés ou 250 g (1 tasse) d'oignons perlés blancs ou rouges
- Sel et poivre
- 15 ml (1 c. à soupe) de cassonade
- 750 ml (3 tasses) de bière
- 50 g (3 c. à soupe) de raisins secs
- 45 ml (3 c. à soupe) de vinaigre de xérès
- Brindille de thym
- 1 feuille de laurier

Préparation

- Mettre les pruneaux dans un bol avec un peu d'eau pour les réhydrater et déposer au micro-ondes pendant 1 minute à 700 W (si on ne possède pas de micro-ondes couvrir les pruneaux d'eau bouillante et laisser reposer jusqu'à ce qu'ils soient tendres).

- Découper le lapin en morceaux et le faire revenir dans le beurre dans une grande sauteuse.

- Retirer le lapin de la poêle et y faire sauter les oignons jusqu'à dorés. Remettre le lapin avec les oignons, saler, poivrer, ajouter la cassonade et la bière (ou l'eau).

- Ajouter ensuite les pruneaux, les raisins secs, le vinaigre de xérès, le thym et le laurier. Rectifier l'assaisonnement.

- Le lapin doit mijoter à feu doux. Il est cuit quand la viande se détache des os.

Les pruneaux sont extrêmement riches en fibres. Le lapin est peu calorique et sa consommation offre un apport important en protéines et en acides aminés essentiels tels que la lysine, la leucine et l'arginine. De plus, le lapin est une source appréciable de vitamine B$_3$, de vitamine B$_{12}$, de phosphore et de sélénium.

Magrets de canard aux zestes d'agrumes

Cette recette exquise est toute désignée pour les grandes occasions ! Facile et relativemment rapide à préparer, elle n'en séduira pas moins les gourmets et les amateurs de plats fins.

DIFFICULTÉ | 🎩 🎩 🎩 🎩

NOTE SANTÉ | ♡ ♡

Préparation 30 minutes

Cuisson 30 minutes

Ingrédients

Pour 4 personnes

- 2 magrets de canard
- 60 ml (4 c. à soupe) de jus d'orange concentré
- 60 ml (4 c. à soupe) de sucre
- 60 ml (4 c. à soupe) de vinaigre de vin rouge
- 250 ml (1 tasse) de sauce demi-glace du commerce préparée
- 60 ml (4 c. à soupe) de zestes d'orange blanchis
- 5 ml (1 c. à thé) de zestes de lime blanchis
- Sel et poivre au goût
- 30 ml (2 c. à soupe) de Grand Marnier ou de liqueur de Mandarine
- 2 oranges navel pelées à vif en quartiers
- 1 pamplemousse pelé à vif en quartiers

Préparation

- Ciseler le gras des magrets en les quadrillant.
- Griller le côté de la chair et déposer sur une plaque, côté gras en dessous. Finir la cuisson au four à 180 °C (350 °F) pour une cuisson saignante.
- Enlever le gras de cuisson de la poêle et déglacer avec le jus d'orange concentré.
- Mélanger le sucre et le vinaigre de vin rouge et ajouter au déglaçage. Ajouter la demi-glace préparée selon les indications sur l'enveloppe ainsi que les zestes blanchis, cuire quelques minutes. Rectifier l'assaisonnement et ajouter le Grand Marnier.
- Trancher les magrets finement, les napper de sauce et dresser les quartiers d'agrumes dans l'assiette.
- Servir comme légumes d'accompagnement des légumes racines braisés (carottes, navets, panais, betteraves, pommes de terre).

Magrets de canard au vinaigre de xérès

Une sauce toute simple et savoureuse, facile à préparer pour ce mets de choix et qui permet d'apprécier à sa juste valeur l'excellent vinaigre de xérès.

DIFFICULTÉ | 🎩🎩🎩🎩

NOTE SANTÉ | ♡ ♡ ♡ ♡

Préparation   10 minutes

Cuisson   30 minutes

Ingrédients
Pour 4 personnes

- 2 magrets de canard
- 60 ml (4 c. à soupe) de sauce soja
- 60 ml (4 c. à soupe) de vinaigre de xérès
- 250 ml (1 tasse) de bouillon de poulet

Préparation

- Inciser la peau en la quadrillant et enduire les magrets de sauce soja.

- Faire chauffer une poêle antiadhésive, y déposer les magrets côté peau (graisse), et laisser griller quelques minutes, jusqu'à ce qu'ils soient dorés.

- Vider ensuite la graisse de la poêle, retourner les magrets côté chair et faire cuire environ 5 minutes et réduisant le feu.

- Retirer les magrets et les réserver au four à 180 °C (350ºF) pour une cuisson saignante.

- Déglacer les sucs de cuisson avec le vinaigre et laisser réduire quelques minutes.

- Ajouter le bouillon, porter à ébullition et laisser cuire à feu doux jusqu'à ce que la sauce ait réduit de moitié.

- Servir les magrets nappés de sauce.

Le canard est une viande à faible teneur en cholestérol, riche en éléments nutritifs, une excellente source de phosphore, de fer, de zinc, de cuivre, de sélénium et de vitamines B_2, B_3 et B_5.

Veau & Bœuf

Foie de veau au vinaigre de xérès

*Une sauce ultra facile à préparer qui vous fera apprécier
le foie de veau autant que le vinaigre de xérès.*

DIFFICULTÉ |

NOTE SANTÉ | ♡ ♡ ♡ ♡

Préparation 10 minutes

Cuisson 15 minutes

Ingrédients
Pour 4 personnes

- 1 enveloppe de mélange pour sauce demi-glace du commerce
- 500 g (1 livre) de tranches de foie de veau
- 30 ml (2 c. à soupe) de beurre
- 30 ml (2 c. à soupe) d'huile d'olive
- 60 ml (4 c. à soupe) de vinaigre de Xérès
- 30 g. (2 c. à soupe) de persil haché fin
- Sel et poivre

Préparation

- Préparer la sauce demi-glace selon les indications sur l'enveloppe et réserver.

- Faire revenir le foie de veau dans une poêle antiadhésive dans un mélange de beurre fondu et d'huile. Retirer les tranches de foie de veau du poêlon et les garder au chaud.

- Déglacer la poêle avec le vinaigre et laisser réduire de moitié. Ajouter le persil, le sel et le poivre. Verser la sauce demi-glace dans la poêle, ajouter les tranches de foie de veau réservées et faire chauffer 1 ou 2 minutes. Servir immédiatement.

Le foie de veau est considéré comme une excellente source de vitamines A, B$_{12}$ et de fer. Avec les différents vinaigres, le foie trouve un parfait compagnon pour un pur délice santé!

Braisé de bœuf à la mexicaine

Un plat réconfortant d'automne bourré de légumes de saison.

DIFFICULTÉ |

NOTE SANTÉ |

Préparation   20 minutes

Cuisson   2 heures

Préparation

• Saisir les cubes de bœuf dans l'huile d'olive et réserver.

• Dans la même cocotte, faire dorer le céleri, les poivrons, l'ail et l'oignon et ajouter les tomates, le jus de légumes, la cassonade, le vinaigre, la sauce Tabasco, le sel et le poivre. Remettre le bœuf et laisser mijoter 2 heures à 180°C (350°F) jusqu'à ce que la viande soit tendre.

• Une heure avant la fin de la cuisson, ajouter des pommes de terre lavées et pelées, coupées en quartiers.

Ingrédients

Pour 4 personnes

• 1 kg (2.2 livres) de boeuf en cubes

• 2 branches de céleri taillées en gros morceaux

• 1 poivron rouge et 1 poivron orange taillés en gros morceaux

• 2 gousses d'ail émincées

• 1 gros oignon rouge en gros morceaux

• 1 grosse boîte de tomates en dés de 500 ml (2 tasses)

• 1 boîte de jus de légumes en conserve de 500 ml (2 tasses)

• 45 ml (3 c. à soupe) de cassonade

• 75 ml (5 c. à soupe) de vinaigre de cidre de pommes

• Quelques gouttes de Tabasco

• Sel et poivre

• Quelques pommes de terre

Le bœuf est une excellente source de protéines. Il fournit également du fer héminique, de la vitamine B₁₂, B₉ et PP, qui aide à lutter contre le vieillissement, ainsi qu'une grande quantité de zinc.

Émincé de bœuf aux chanterelles et au vinaigre de framboises

Ce champignon au goût légèrement poivré s'associe au vinaigre de framboises pour une réussite totale qui fera chavirer de bonheur les gourmets comme les gourmands !

Préparation	10 minutes	Difficulté	🎩🎩🎩🎩
Cuisson	20 minutes	Note santé	♡♡♡

Ingrédients
Pour 4 personnes

- 500 g (1 lb) de filet de bœuf ou de faux filet, coupé en languettes
- Sel et poivre au goût
- 30 g (2 c. à soupe) de beurre
- 20 ml (4 c. à thé) de vinaigre de framboises
- 125 ml (½ tasse) consommé de bœuf
- 125 ml (½ tasse) de crème à 35 %
- 45 g (3 c. à soupe) de beurre
- 250 g (1 tasse) de champignons chanterelles

Préparation

- Saler et poivrer le bœuf émincé et le saisir rapidement au beurre sur feu vif dans un poêlon à surface antiadhésive de 20 à 30 secondes. Il ne faut pas remuer la viande tant qu'elle n'a pas coloré. Égoutter et réserver.

- Réduire la chaleur, déglacer avec le vinaigre de framboises, ajouter le consommé, puis la crème et laisser réduire du tiers. Assaisonner.

- Avant de servir la viande, faire sauter les chanterelles lentement au beurre et à feu doux, pour éviter qu'elles ne durcissent. Assaisonner de sel et de poivre.

- Dresser l'émincé et garnir de champignons.

Escalopes de veau « balsamique » aux champignons portobello

Les champignons portobello et le vinaigre balsamique sont des amis de longue date et, avec le veau, ils forment un trio inséparable !

DIFFICULTÉ	♙ ♙ ♙
NOTE SANTÉ	♡ ♡ ♡

Préparation   15 minutes

Cuisson   12 minutes

Ingrédients

Pour 4 personnes

- 3 champignons portobello
- 15 ml (1 c. à soupe) d'huile d'olive
- 15 ml (1 c. à soupe) de beurre
- 15 ml (1 c. à soupe) de vinaigre balsamique
- 30 ml (2 c. à soupe) de farine
- 8 escalopes de veau
- 4 branches d'origan frais

Préparation

- Nettoyer les champignons et les couper en tranches.

- Chauffer la moitié du beurre et de l'huile dans une poêle antiadhésive sur feu vif et y dorer les champignons. Déglacer avec le vinaigre balsamique puis réserver.

- Enrober les escalopes de veau de farine et les colorer dans l'autre moitié de beurre et d'huile, pendant environ 2 minutes de chaque côté.

- Dresser dans une assiette en alternant escalopes et champignons. Décorer avec une branche d'origan avant de servir. Accompagner d'un riz basmati et de brocoli vapeur.

Le veau est riche en acides aminés essentiels, faible en gras saturés, et est une bonne source de vitamines B$_{12}$ et B$_3$. La consommation de 100 g de viande de veau cuite permet de couvrir de 20 à 30 % des apports quotidiens conseillés en zinc pour un adulte.

Médaillons de veau au marsala et au vinaigre balsamique sur BBQ

Ce plat aux notes indiennes permet, l'été venu, de varier nos menus sur le BBQ !

DIFFICULTÉ |

NOTE SANTÉ | ♡ ♡ ♡

Préparation | 25 minutes
Cuisson | 12 minutes

Ingrédients
Pour 4 personnes

- 680 g (1 ½ lb) de médaillons de veau
- 30 ml (2 c. à soupe) d'huile d'olive
- 10 ml (2 c. à thé) de vinaigre balsamique
- 1 échalote française, hachée finement
- 30 ml (2 c. à soupe) de beurre
- 50 ml (¼ tasse) de marsala
- 180 ml (¾ tasse) de fond de veau du commerce
- 4 asperges, coupées en trois sections à la diagonale
- 2 cœurs d'artichauts, épongés, en quartiers
- 4 morceaux de tomates séchées, en julienne
- 30 ml (2 c. à soupe) d'huile d'olive

Préparation

- Préchauffer le barbecue.

- Tremper les médaillons de veau dans l'huile et le vinaigre avant de les cuire. Griller une à deux minutes sur chaque face et réserver au chaud.

- Dans une poêle, faire suer les échalotes au beurre. Déglacer au marsala, ajouter le fond de veau et réduire la sauce jusqu'à ce qu'elle épaississe. Assaisonner et réserver.

- Dans une poêle, sauter les asperges, les cœurs d'artichauts et les tomates séchées dans l'huile d'olive.

- Servir les médaillons dans quatre assiettes chaudes, napper de sauce et accompagner des asperges, des cœurs d'artichauts et des morceaux de tomates séchées.

145

Foie de veau au vinaigre balsamique et aux pignons de pin

Les pignons amènent un fin goût de noix grillées à cette délicieuse recette qui permet d'apprêter facilement et originalement le foie de veau.

DIFFICULTÉ |

NOTE SANTÉ | ♡ ♡ ♡ ♡

Préparation   5 minutes

Cuisson   10 minutes

Ingrédients
Pour 4 personnes

- 2 gros oignons tranchés fins
- 30 ml (2 c. à soupe) d'huile d'olive
- 125 ml (½ tasse) de pignons de pin
- 500 g (1 livre) de foie de veau, tranché mince
- 125 ml (½ tasse) de farine
- 30 ml (2 c. à soupe) de beurre
- Sel et poivre
- 60 ml (4 c. à soupe) de vinaigre balsamique ou vinaigre de vin rouge

Préparation

- Dans une poêle antiadhésive, faire fondre les oignons dans l'huile, jusqu'à ce qu'ils commencent à se colorer. Ajouter les pignons et laisser colorer une ou deux minutes.

- Verser la préparation dans un plat de service et réserver au chaud. Enfariner le foie de veau. Dans la même poêle, chauffer le beurre jusqu'à ce qu'il soit roux et y faire sauter le foie de veau 1 à 2 minutes de chaque côté. Saler et poivrer.

- Déposer le foie au fur et à mesure qu'il est cuit sur les oignons. Jeter le gras de cuisson, déglacer la poêle avec le vinaigre et verser sur le foie.

- Servir avec des pommes de terre et des légumes verts.

Foie de veau au vinaigre de framboises

Le foie trouve avec le vinaigre de framboises un allié surprenant ! Dégustez ce plat accompagné de tomates gratinées et vous pourrez remercier la nature des merveilles qu'elle nous offre !

DIFFICULTÉ |

NOTE SANTÉ | ♡ ♡ ♡ ♡

Préparation : 5 minutes
Cuisson : 15 minutes

Ingrédients
Pour 2 personnes

- 5 g (1 c. à café) de beurre
- 2 tranches de foie de veau
- 30 ml (2 c. à soupe) de vinaigre de framboises
- 15 ml (1 c. à soupe) d'eau
- 5 ml (1 c. à café) de miel
- Sel, poivre du moulin
- 1 barquette de framboises
- Persil frais haché

Préparation

- Chauffer le beurre dans une poêle antiadhésive jusqu'à ce qu'il soit roux et y cuire les tranches de foie de veau entre 8 et 10 minutes à feu moyen, selon l'épaisseur et la cuisson désirée : rosé ou bien cuit (le foie de veau est délicieux rosé). Les retourner en cours de cuisson, sans saler.

- Déposer les tranches dans un plat de service et couvrir d'un papier d'aluminium. Réserver au four à 60°C (140°F).

- Jeter le gras de la poêle. Verser le vinaigre de framboise dans la poêle avec une cuillère à soupe d'eau et déglacer en grattant les sucs avec une cuillère en bois.

- Ajouter une cuillère à café de miel et mélanger pendant une minute environ. Saler légèrement et poivrer. Ajouter le jus dégagé par le foie et mélanger encore.

- Retirer la poêle du feu et ajouter les framboises. Mélanger très délicatement pour ne pas les écraser.

- Verser cette sauce sur les tranches de foie de veau chaudes. Parsemer de persil frais haché. Servir avec une purée de pommes de terre et une tomate gratinée au parmesan.

Plats végétariens & accompagnements

Soupe-repas express

Rapide et nutritive, cette soupe est réconfortante lors des froides soirées d'hiver.

DIFFICULTÉ |

NOTE SANTÉ | ♡ ♡ ♡ ♡

Préparation   20 minutes

Cuisson   45 minutes

Préparation

- Dans une grande casserole chauffer l'huile d'olive et ajouter les oignons et l'ail, jusqu'à ce qu'ils soient tendres.

- Ajouter les pommes de terre, les carottes et le céleri et continuer la cuisson en remuant de temps en temps, puis ajouter les tomates et laisser cuire 3 minutes.

- Verser le bouillon de poulet (ou de légumes) dans la casserole et ajouter la feuille de laurier, le thym, le sel et le poivre.

- Amener la soupe à ébullition et laisser mijoter à feu doux pendant 30 minutes et ajouter les pois chiches et les haricots rouges en conserve. Ajouter les pâtes et faire cuire encore une quinzaine de minutes jusqu'à ce que les pâtes soient al dente.

- Découvrir la casserole et jeter la feuille de laurier. Retirer la casserole du feu et servir. Cette soupe se conserve une semaine au réfrigérateur.

Ingrédients
Pour 8 personnes

- 45 ml (3 c. à soupe) d'huile d'olive
- 2 oignons finement hachés
- 1 gousse d'ail hachée
- 2 pommes de terre moyennes pelées et coupées en dés
- 4 carottes en rondelles fines
- 4 branches de céleri en tranches fines
- 6 tomates en boîte coupées en dés
- 2 ½ litres (10 tasses) de bouillon de poulet maison (ou de bouillon de légumes)
- 1 feuille de laurier
- 2.5 ml (½ c. à thé) de thym séché
- 5 ml (1 c. à thé) de sel
- 2.5 ml (½ c. à thé) de poivre
- 62.5 ml (¼ tasse) de pois chiches en conserve et égouttés
- 125 ml (½ tasse) de haricots rouges en conserve égouttés
- 125 ml (½ tasse) de macaroni ou de coquilles

Gaspacho délicieuse

Qui dit gaspacho dit légumes et fraîcheur. Un summum
pour les papilles que cette recette de soupe froide !

Préparation   20 minutes

Attente   2 heures

Réfrigération   4 heures

DIFFICULTÉ | 👨‍🍳 👨‍🍳

NOTE SANTÉ | ♡ ♡ ♡ ♡ ♡

Ingrédients

Pour 6 personnes

- 1 concombre
- 750 g (1,5 livres) de tomates
- 1 poivron rouge
- 1 poivron vert
- 1 oignon
- 2 à 4 gousses d'ail frais
- 100 ml (1/3 de tasse) d'huile d'olive
- Sel et poivre
- 200 g de mie de pain (une demie baguette)
- 45 ml (3 c. à soupe) de vinaigre de xérès
- 200 ml (4/5 tasse) d'eau
- Piment de Cayenne

Pour la garniture

- 2 tomates
- 1 concombre
- ½ poivron
- Croûtons
- 60 ml (4 cuillères à soupe) d'huile d'olive

Préparation

- Peler et épépiner le concombre et le couper en morceaux. Inciser les tomates en croix, les ébouillanter, les peler, les épépiner et les couper en quartiers. Éliminer les graines des poivrons et les couper en dés. Éplucher l'oignon et les gousses d'ail, les hacher grossièrement. Mettre ces légumes dans un saladier. Saler puis arroser d'huile. Réserver 2 heures à température ambiante.

- Dans un autre bol, émietter le pain. Arroser de vinaigre et de 200 ml (4/5 de tasse) d'eau. Laisser mariner.

- Verser les légumes et le jus de leur marinade dans le bol d'un mélangeur. Ajouter le pain trempé et mixer. Rectifier l'assaisonnement en sel. Poivrer et pimenter légèrement. Réserver le gaspacho pendant 4 heures minimum au réfrigérateur.

- Préparer la garniture : couper les tomates, le concombre et le demi-poivron en petits dés. Les disposer dans des coupelles. Servir le gaspacho glacé dans des coupelles ou des tasses, accompagné des crudités et des croûtons.

Sauté de haricots verts

Un accompagnement frais et croustillant qui plaira à tous !

DIFFICULTÉ | 👨‍🍳 👨‍🍳

NOTE SANTÉ | ♡ ♡ ♡ ♡ ♡

Préparation   15 minutes

Cuisson   5 minutes

Ingrédients

- 1 kilo (2.2 livres) de haricots verts cuits et coupés
- 60 ml (4 c. à soupe) d'huile d'olive
- 3 gousses d'ail émincées
- 30 ml (2 c. à soupe) de vinaigre de cidre de pommes
- 2,5 ml (½ c. à thé) de thym frais
- 2,5 ml (½ c. à thé) de sel de mer

Préparation

- Faire revenir les haricots verts cuits dans l'huile.
- Ajouter l'ail et cuire 1 à 2 minutes.
- Ajouter le vinaigre et assaisonner.
- Servir chaud en accompagnement.

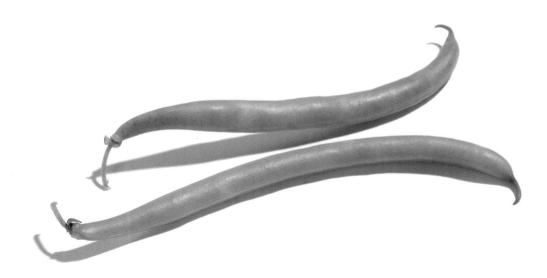

Pommes de terre farcies à la ricotta et gratinées au cheddar

Ce plat permet une alternative délicieuse aux pommes de terre en robe de champs traditionnelles

DIFFICULTÉ | 🍳 🍳

NOTE SANTÉ | ♡ ♡

| Préparation | 15 minutes |
| Cuisson | 35 minutes |

Ingrédients
Pour 4 personnes

- 4 belles pommes de terre
- 2 gousses d'ail dégermées
- 12 feuilles de basilic frais
- Quelques brins de ciboulette
- Feuilles de persil frais
- 125 ml (½ tasse) de fromage Ricotta
- 15 ml (1 c. à soupe) de vinaigre balsamique
- Sel et poivre du moulin
- Fromage cheddar pour gratiner
- Feuilles de roquette

Préparation

- Laver et brosser les pommes de terre sous l'eau courante.

- Préchauffer le four à en mettant la grille au centre du four 200°C (400°F). Y déposer les pommes de terre et les laisser cuire 35 minutes environ ou jusqu'à ce qu'elles soient tendres.

- Au robot, mélanger l'ail, le basilic, la ciboulette et le persil frais et ajouter la ricotta, le vinaigre balsamique, le sel (pas trop !) et le poivre.

- Couper les pommes de terre cuites dans le sens de la longueur et les évider légèrement. Les farcir du mélange de ricotta et garnir de fromage cheddar.

- Gratiner sous le gril quelques minutes.

- Servir sur un lit de roquette.

Champignons en boutons

Pour cette recette délicieuse, vous pouvez aussi essayer
des champignons café ou même des pleurotes !

DIFFICULTÉ |

NOTE SANTÉ | ♡ ♡ ♡ ♡

Préparation	20 minutes
Cuisson	2 minutes
Marinade	12 heures

Les principaux apports nutritionnels contenus dans les champignons sont le sélénium, les vitamines B_1, B_2, B_3, B_5, le potassium, le cuivre (jusqu'à 0,6mg), des protides, le fer, la vitamine D et les fibres.

Ingrédients
Pour 4 personnes

- 300 g (¾ de livre) de champignons de Paris en boutons
- 45 ml (3 c. à soupe) de vinaigre de vin
- 30 ml (2 c. à soupe) d'huile d'olive
- 15 ml (1 c. à soupe) de jus de citron
- 100 ml (2/5 de tasse) de purée de tomate
- 1 petite feuille de laurier
- 1 pincée de sucre roux ou de cassonade
- 10 g (1 cuillère à café) de graines de coriandre
- Sel et poivre noir
- Persil haché ou coriandre fraîche pour décorer

Préparation

- Couper les pieds sableux des champignons, les laver et les couper en quatre s'ils sont gros. Les mettre dans un saladier.

- Dans une casserole, mettre le vinaigre de vin, l'huile, le jus de citron, la purée de tomate, le laurier, le sucre roux, la coriandre, le sel et le poivre et amener à ébullition en remuant (sauf le persil). Laisser frémir 2 minutes.

- Verser le mélange bouillant sur les champignons. Faire mariner une nuit dans le réfrigérateur. Les champignons vont rendre leur eau, ce qui va créer un délicieux jus parfumé.

- Servir frais parsemé de persil ou de coriandre hachée.

Pâtes balsamiques au fenouil et bettes à cardes

La légère amertume des bettes à carde trouve un compagnon idéal
dans le goût sucré du fenouil allié au vinaigre balsamique.

DIFFICULTÉ | 👨‍🍳 👨‍🍳

NOTE SANTÉ | ♡ ♡ ♡ ♡ ♡

Préparation 15 minutes

Cuisson 20 minutes

Ingrédients
Pour 4 personnes

- 62,5 ml (¼ de tasse) d'huile d'olive
- 1 oignon émincé
- 1 bulbe de fenouil finement émincé dont on aura retiré les tiges
- 2 gousses d'ail émincées
- 187 ml (¾ de tasse) d'eau
- 60 ml (4 c. à soupe de vinaigre balsamique)
- Sel et poivre
- 1 pincée de piments broyés
- 900 g (1,8 livres) de pâtes au choix
- 450 g (1 livre) de feuilles de bettes à cardes coupées grossièrement
- 125 ml (½ tasse) de fromage parmesan

Préparation

- Chauffer l'huile dans une grande poêle antiadhésive et y faire tomber l'oignon (environ 5 minutes). Ajouter le fenouil et l'ail et frire jusqu'à coloration (environ 10 minutes).

- Déglacer la poêle avec l'eau et le vinaigre, couvrir à demi et laisser évaporer complètement le liquide à feu moyen-élevé. Saler, poivrer et ajouter le piment broyé.

- Pendant ce temps, amener 4 litres d'eau salée à ébullition dans une grande marmite. Mettre les pâtes et cuire au goût. Deux minutes avant la fin de la cuisson, plonger les feuilles de bettes à cardes dans l'eau bouillante.

- Égoutter les pâtes et les feuilles en gardant 250 ml (1 tasse) d'eau de cuisson. Incorporer au mélange de fenouil et ajouter le fromage parmesan et un peu d'huile d'olive. Si le mélange semble un peu sec, ajouter un peu de l'eau de cuisson.

- Bien mélanger et servir dans des bols chauds. Garnir de rondelles de fenouil cru, de parmesan et de poivre.

Amuse-gueule à la poire et au roquefort

Une explosion de saveurs qui se sert à la fois en entrée ou comme entremets.

DIFFICULTÉ |

NOTE SANTÉ | ♡ ♡ ♡ ♡

Préparation   15 min

Cuisson   15 min

Préparation

- Garnir 4 moules à tartelettes de pâte feuilletée.

- Éplucher les poires, les couper en deux, ôter cœur et pépins et les couper en lamelles. Concasser légèrement les cerneaux de noix. Couper le roquefort en lamelles et en garnir chaque fond de tarte.

- Saupoudrer de noix, disposer harmonieusement les lamelles de poires en rosace en les faisant se chevaucher. Napper de beurre et mettre au four à 180°C (350ºF) pendant 12 minutes environ.

- Dans une petite casserole, faire bouillir 100 ml (6 c. à soupe) de Banyuls. Hors feu, ajouter le vinaigre restant et verser le tout dans un bol, saler poivrer et ajouter l'huile en faisant une émulsion.

- Dans une assiette de service, déposer une tartelette et la décorer d'une cuillère à café de sauce vinaigrette.

Ingrédients

Pour 4 personnes

- 250 g (½ livre) de pâte feuilletée du commerce

- 2 poires

- 15 à 30 g (1 à 2 c. à soupe) de cerneaux de noix

- 125 ml (½ tasse) de Roquefort (ou un fromage bleu)

- 30 g (2 c. à soupe) de beurre fondu

- 120 ml (8 c. à soupe) de vinaigre de Banyuls (ou balsamique)

- Sel et poivre

- 45 ml (3 c. à soupe) d'huile d'arachide

Salsa aux haricots noirs

Une salsa légèrement relevée qui s'utilise à la fois en accompagnement ou en collation.

DIFFICULTÉ |

NOTE SANTÉ | ♡ ♡ ♡ ♡

Préparation | 15 minutes

Temps d'attente | 1 heure

Préparation

- Dans un bol en verre, combiner les haricots noirs, les tomates, les oignons, l'ail, la coriandre, les poivrons, le jalapeno, le vinaigre et le sucre; bien mélanger. Saler et poivrer au goût.

- Laisser reposer pendant 1 heure avant de servir, en remuant de temps en temps.

Ingrédients
Pour 4 personnes

- 1 bte de 540ml de haricots noirs

- 2 tomates épépinées, égouttées et coupées en dés

- 2 oignons verts hachés

- 30 ml (2 c. à soupe) d'oignons blancs hachés

- 1 gousse d'ail émincée

- 187 ml (¾ de tasse) de coriandre fraîche hachée

- 30 ml (2 c. à soupe) poivron rouge haché

- 30 ml (2 c. à soupe) poivron vert haché

- 30 ml (2 c. à soupe) de piment jalapeno haché

- 15 ml (1 c. à soupe) vinaigre balsamique

- 15 ml (1 c. à soupe) sucre

- Sel et poivre du moulin

Salades & Vinaigrettes

Salade de chou aux herbes fraîches

Ce classique revisité trouve une nouvelle fraîcheur grâce au vinaigre de cidre de pommes.

DIFFICULTÉ |

NOTE SANTÉ | ♡ ♡ ♡ ♡

Préparation   10 minutes

Temps d'attente   Quelques heures

Ingrédients
Pour 4 personnes

- 500 ml (2 tasses) de chou râpé
- 30 ml (2 c. à soupe) de mayonnaise
- 60 ml (4 c. à soupe) de sucre
- 30 ml (2 c. à soupe) de ciboulette fraîche
- 30 ml (2 c. à soupe) de vinaigre de cidre de pommes
- 30 ml (2 c. à soupe) de lait
- Sel d'oignon au goût
- Sel, poivre au goût

Préparation

- Mélanger les ingrédients et laisser reposer quelques heures au réfrigérateur.

Variante

- On peut préparer une autre salade de chou en ajoutant à 1,25 kg (5 tasses) de chou râpé 62,5 ml (¼ de tasse) de carottes râpées, 62,5 ml (¼ de tasse) d'oignons émincés, 30 ml (2 c. à soupe) de sucre, une pointe de moutarde sèche, 125 ml (½ tasse) d'huile végétale, du sel et du poivre.

Salade de pommes de terre rouges

Une recette simple, idéale pour accompagner une viande au BBQ !

DIFFICULTÉ	
NOTE SANTÉ	♡ ♡ ♡

Préparation	20 minutes
Cuisson	20 minutes

Préparation

• Faire cuire les pommes de terre avec la peau et les laisser refroidir. Les peler et les couper en cubes.

• Dans un bol, mélanger les échalotes, le yogourt, la mayonnaise, le vinaigre, la moutarde, le sel et le cari.

• Ajouter la sauce aux pommes de terre, puis le poivre et le persil et remuer délicatement.

Ingrédients

• 1 kg (2,2 lbs) de pommes de terre rouges

• 4 échalotes vertes émincées

• 83 ml (1/3 de tasse) de yogourt nature

• 83 ml (1/3 de tasse) de mayonnaise

• 10 ml (2 c. à thé) de vinaigre de cidre de pommes

• 5 ml (1 c. à thé) de moutarde de Dijon

• 5 ml (1 c. à thé) de sel

• 5 ml (1 c. à thé) de poudre de cari

• Poivre

• 30 ml (2 c. à soupe) de persil

salade césar express

Le secret pour réussir ce classique ?
Des ingrédients de première fraîcheur et du bon parmesan !

DIFFICULTÉ |

NOTE SANTÉ | ♡ ♡ ♡

Préparation	10 minutes
Temps d'attente	1 heure
Cuisson	10 minutes

Ingrédients

- 2 gousses d'ail
- 45 ml (3 c. à soupe) de vinaigre de vin
- 15 ml (1 c. à soupe) de moutarde Dijon
- 1 œuf
- 125 ml (½ tasse) d'huile de canola
- 1 laitue Romaine
- 6 tranches de bacon
- 125 ml (½ tasse)
  de fromage parmesan râpé
- Croûtons

Préparation

- Dans un mélangeur, incorporer les cinq premiers ingrédients un à un dans l'ordre mentionné. Laisser reposer au réfrigérateur au moins une heure.

- Laver de la laitue Romaine et l'essorer.

- Entre temps, faire cuire 6 tranches de bacon et l'émietter.

- Ajouter la sauce à la salade et mettre le bacon et les croûtons.

- Bien mélanger le tout et saupoudrer un peu de fromage parmesan.

Salade de poulet et sa vinaigrette au cari

*Le cari et le vinaigre de cidre de pommes s'allient avec le concombre
et la mangue pour un véritable festin !*

DIFFICULTÉ	
NOTE SANTÉ	♡ ♡ ♡ ♡

Préparation	20 minutes
Cuisson	10 minutes

Ingrédients

- 250 ml (1 tasse) de yogourt nature
- 50 ml (¼ tasse) de crème 10 %
- 30 ml (2 c. à soupe) de chutney à la mangue
- 30 ml (2 c. à soupe) d'échalotes hachées finement
- 5 ml (1 c. à thé) de poudre de cari
- 30 ml (2 c. à soupe) de vinaigre de cidre de pommes
- 30 ml (2 c. à soupe) d'échalote grise
- 2 poitrines de poulet
- Feuilles de laitue romaine déchiquetées
- 250 ml (1 tasse) de tomates cerise
- 1 concombre anglais
- 1 grosse carotte coupée en allumettes
- Sel et poivre

Préparation

- Préchauffer le barbecue.

- Dans un bol, combiner le yogourt, la crème, le chutney, l'échalote, la poudre de cari le vinaigre de cidre et l'échalote grise. Utiliser 30 ml (2 c. à soupe) de cette vinaigrette au cari pour badigeonner les poitrines de poulet et les placer sur le gril préchauffé.

- Cuire à feu moyen pendant 10 minutes, ou jusqu'à ce que la chair du poulet ne soit plus rosée au centre, couvercle fermé, en les retournant une fois à la mi-cuisson. Retirer du feu ; trancher en lanières.

- Dans un grand bol à salade, combiner le poulet, les feuilles de laitue, les tomates, le concombre et les carottes. Arroser de vinaigrette au cari et mélanger délicatement. Saler et poivrer, au goût.

Salade de poires et d'épinards

Une salade qui marie à merveille le sucre des poires et l'acidité du vinaigre de vin.

DIFFICULTÉ |

NOTE SANTÉ | ♡ ♡ ♡ ♡

Préparation	10 minutes
Cuisson	10 minutes

Vous pouvez aussi remplacer la vinaigrette de cette salade par une vinaigrette au bleu.

Voir page 193

Préparation

- Dans un bol moyen, mélanger la crème sure, la mayonnaise, la sauce Worcestershire, le vinaigre, le sel, le poivre et le fromage bleu. Réserver.

- Faire cuire le bacon et l'émietter.

- Pour servir, placer les épinards, les tranches de poires, le bacon et les noix dans un saladier et remuer légèrement.

- Diviser la salade en portions égales dans 6 assiettes et servir la vinaigrette à part.

Ingrédients
Pour 6 personnes

- 75 ml (1/3 de tasse) de crème sure

- 125 ml (½ tasse) de mayonnaise du commerce

- 2 ml (½ c. à thé) de sauce Worcestershire

- 15 ml (1 c. à soupe) de vinaigre de vin rouge

- Sel et poivre

- 60 g (2 onces) de fromage bleu émietté (choisir un Bleu de Bresse ou un Gorgonzola)

- 6 tasses de feuilles de jeunes épinards

- 3 poires pelées, coupées en deux, tranchées finement et passées au vinaigre de cidre

- 6 tranches de bacon

- 250 ml (1 tasse) de noix de Grenoble

salade à l'italienne

*Une recette simple qui permet d'apprécier pleinement
le mélange d'herbes et le vinaigre de cidre.*

DIFFICULTÉ |

NOTE SANTÉ | ♡ ♡ ♡ ♡ ♡

Préparation   10 minutes

Préparation

- Au mélangeur ou au fouet, battre le vinaigre de cidre de pommes, l'ail, l'origan, le thym, le basilic, le poivre de Cayenne et le sucre. Incorporer graduellement l'huile d'olive.

- Dans un grand bol, mélanger les épinards, l'oignon et la vinaigrette. Saler et poivrer au goût.

- Servir.

Ingrédients

- 60 ml (¼ de tasse) de vinaigre de cidre de pommes

- 1 gousse d'ail hachée finement

- 2,5 ml (½ c. à thé) d'origan séché

- 2,5 ml (½ c. à thé) de thym séché

- 2,5 ml (½ c. à thé) de basilic séché

- 2,5 ml (½ c. à thé) de poivre de Cayenne

- 1 pincée de sucre

- 75 ml (1/3 tasse) d'huile d'olive extra vierge

- Sel et poivre du moulin

- 750 g (1,5 lb) d'épinards frais, lavés et équeutés

- 1 oignon rouge moyen, émincé finement

Salade de céleri-rave

*Le vinaigre et le citron décuplent les saveurs de cette plante
de la famille du céleri sans en masquer le goût fin.*

DIFFICULTÉ |

NOTE SANTÉ | ♡ ♡ ♡ ♡

Préparation | 15 minutes

Ingrédients
Pour 4 à 6 personnes

- 1 céleri-rave
- Le jus d'un citron
- 2 endives
- 125 ml (½ tasse) de champignons frais
- 1 pomme
- 125 ml (½ tasse) de mayonnaise
- 15 ml (1 c. à soupe) de vinaigre de cidre de pommes
- Une pincée de paprika
- Sel et poivre
- 15 ml (1 c. à soupe) d'amandes hachées finement

Préparation

- Râper le céleri-rave et l'arroser de jus de citron pour en conserver la couleur.
- Couper les feuilles d'endives en morceaux de grosseur moyenne.
- Équeuter et émincer les champignons.
- Peler la pomme et la couper en lamelles.
- Mélanger le tout et incorporer la mayonnaise additionnée de vinaigre, de paprika, de sel et de poivre.
- Parsemer d'amandes au moment de servir.

179

salade de légumineuses

Une belle salade nutritive qui se déguste en toutes saisons .

DIFFICULTÉ |

NOTE SANTÉ | ♡ ♡ ♡ ♡

Ingrédients
Pour 4 à 6 personnes

Préparation

• Mélanger le tout dans un saladier et ajouter la vinaigrette de son choix.

- 1 boîte de 540 ml (19 oz) de haricots rouges, rincés et égouttés

- 1 boîte de 540 ml (19 oz) de pois chiches, rincés et égouttés

- 3 tomates coupées en dés

- 500 ml (2 tasses) de persil frais haché grossièrement

- ½ poivron vert ou rouge coupé en cubes

- 125 ml (½ tasse) de fromage feta coupé en petits cubes

- 75 ml (1/3 tasse) d'oignon rouge coupé en cubes

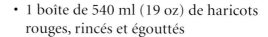

Vinaigrette citron-dijon

Cette vinaigrette est idéale sur la salade de légumineuses.

DIFFICULTÉ |

NOTE SANTÉ | ♡ ♡ ♡ ♡

Ingrédients

Préparation

• Mélanger les ingrédients de la vinaigrette et la verser sur la salade.

- 30 ml (2 c. à soupe) d'huile de canola

- 15 ml (1 c. à soupe) de jus de citron

- 7 ml (½ c. à soupe) de vinaigre de cidre de pommes

- 7 ml (½ c. à soupe) de moutarde de Dijon

- Sel et poivre au goût

Salade de betteraves et d'endives

Un mélange de couleurs, de saveurs et de goûts qui permet un équilibre parfait.

DIFFICULTÉ |

NOTE SANTÉ | ♡ ♡ ♡ ♡ ♡

Préparation   15 minutes

Cuisson   12 minutes

Ingrédients

- 2 petites betteraves
- 3 endives
- 500 ml (2 tasses) de feuilles de cresson
- 5 ml (1 c. à thé) de moutarde de Dijon
- 15 ml (1 c. à soupe) de vinaigre de cidre de pommes
- 1 pincée de sucre
- Sel et poivre
- 1 échalote hachée
- 62,5 ml (¼ de tasse) d'huile d'olive

Préparation

- Faire cuire les betteraves au micro-ondes dans un peu d'eau environ 12 minutes, les laisser refroidir, puis les peler et les trancher.

- Mélanger les feuilles d'endives, les betteraves et le cresson dans un saladier.

- Dans un autre bol, préparer la vinaigrette en mélangeant pour commencer moutarde, vinaigre, sucre, sel, poivre et échalote hachée ; verser l'huile en filet.

- Arroser la salade.

Salade d'été de concombre et de mangue

Une salade estivale parfaite pour les becs sucrés !

DIFFICULTÉ |

NOTE SANTÉ | ♡ ♡ ♡ ♡

Préparation   10 minutes

Préparation

- Peler et couper le concombre en rondelles. Réserver.

- Peler et couper la mangue en petits morceaux. Placer les morceaux de mangue au centre de l'assiette.

- Entourer des rondelles de concombre. Décorer avec les brins de ciboulette.

- Préparer une vinaigrette avec l'huile de pépins de raisin et le vinaigre balsamique. Déguster !

Ingrédients

Pour 1 personnes

- ½ concombre

- ½ mangue

- Quelques brins de ciboulette fraîche

- Vinaigre balsamique

- Huile de pépins de raisin

Salade de pâtes au yogourt

Une salade gourmande qui peut très bien constituer un repas complet.

DIFFICULTÉ |

NOTE SANTÉ | ♡ ♡ ♡

Préparation   30 minutes

Préparation

- Mélanger la moutarde, le vinaigre, le sel, le poivre, le yogourt et la mayonnaise. Ajouter ensuite l'huile en filet, puis les fines herbes..

- Dans un grand saladier, mélanger pâtes, concombre, poivrons et oignons verts, puis ajouter la vinaigrette.

Ingrédients

Pour 4 à 6 personnes

- 5 ml (1 c. à thé) de moutarde de Dijon
- 45 ml (3 c. à soupe) de vinaigre de cidre de pommes
- Sel et poivre
- 125 ml (½ tasse) de yogourt nature
- 125 ml (½ tasse) de mayonnaise allégée
- 90 ml (6 c. à soupe) d'huile d'olive
- 30 ml (2 c. à soupe) de chacun: persil et basilic frais hachés
- 750 ml (3 tasses) de farfalles cuits
- 1 concombre anglais
- 1 poivron rouge
- 1 poivron vert
- 2 oignons verts tranchés fins

salade de poulet et d'ananas

Une composition simple qui allie la tendreté du poulet et le côté sucré de l'ananas.

DIFFICULTÉ |

NOTE SANTÉ | ♡ ♡ ♡ ♡

Préparation   15 minutes

Ingrédients

- 2 poitrines de poulet cuites, coupées en lanières
- 1 ananas coupé en dés
- 1 branche de céleri coupé en diagonale
- 30 ml (2 c. à soupe) de noix hachées
- 125 ml (½ tasse) de mayonnaise
- 10 ml (2 c. à thé) de poudre de cari
- 5 ml (1 c. à thé) de vinaigre de cidre de pommes
- 1 laitue Boston
- 2 ml (½ c. à thé) de ciboulette fraîche

Préparation

- Mélanger le poulet, l'ananas, le céleri et les noix dans un grand bol.

- Dans un autre bol, préparer la sauce en mélangeant la mayonnaise, la poudre de cari et le vinaigre.

- Incorporer la mayonnaise au mélange de poulet et d'ananas.

- Couvrir une assiette de feuilles de laitue et y déposer la salade. Parsemer de ciboulette.

Salade campagnarde

L'apport en protéines de cette salade permet d'apaiser la faim pendant de longues heures.

DIFFICULTÉ |

NOTE SANTÉ | ♡ ♡ ♡

Préparation 15 minutes

Ingrédients

Pour 4 personnes

- 1 laitue romaine
- 62,5 g (¼ de tasse) de chou blanc râpé
- 62,5 g (¼ de tasse) de chou rouge râpé
- 2 carottes râpées
- 150 g (5 oz) de saucisson à l'ail coupé en cubes
- 2.5 ml (½ c. à thé) de cerfeuil
- 75 ml (5 c. à soupe) d'huile de tournesol
- 30 ml (2 c. à soupe) de vinaigre de cidre de pommes
- 15 ml (1 c. à soupe) de moutarde de Dijon
- Sel et poivre

Préparation

- Disposer la laitue dans des assiettes de service.
- Mélanger le chou et les carottes, répartir sur la laitue et garnir de saucisson et de cerfeuil.
- Mélanger l'huile, le vinaigre et la moutarde.
- Saler et poivrer et verser la vinaigrette sur les assiettes préparées.

Salade marocaine

Une salade très fraîche grâce notamment au persil frais,
et qui gagne en saveur avec la vinaigrette délicieusement citronnée.

DIFFICULTÉ |

NOTE SANTÉ | ♡ ♡ ♡ ♡ ♡

Préparation | 15 minutes

Ingrédients
Pour 4 personnes

- 2 citrons
- 1 petit oignon rouge émincé
- 16 olives vertes dénoyautées
- 45 ml (3 c. à soupe) de persil haché
- 15 ml (1 c. à soupe) de paprika
- Une pincée de cumin
- 10 ml (2 c. à thé) de vinaigre de cidre de pommes
- Sel
- 60 ml (4 c. à soupe) d'huile d'olive

Préparation

- Tremper les citrons dans de l'eau froide légèrement salée 30 minutes. Retirer les citrons, les peler et les couper en 2, en extraire le jus et réserver le zeste.

- Hacher les zestes et les répandre au fond d'un saladier. Ajouter l'oignon, les olives, le persil, le paprika, le cumin et le vinaigre. Saler et mélanger.

- Arroser d'huile d'olive et du jus des citrons. Bien mélanger et servir frais.

Salade de thon et d'avocats

Deux compagnons naturels s'unissent pour un plat nutritif plein de douceur.

DIFFICULTÉ |

NOTE SANTÉ | ♡ ♡ ♡

Préparation | 30 minutes

Ingrédients

Pour 4 personnes

- 2 avocats coupés en dés
- Le jus de 2 citrons
- 1 petit chou-fleur blanchi 2 minutes à l'eau bouillante
- 125 ml (½ tasse) de champignons émincés
- 1 branche de céleri hachée
- 90 ml (6 c. à soupe) d'huile d'olive
- 10 ml (2 c. à thé) de vinaigre de cidre de pommes
- 1 jaune d'œuf
- 1 boîte de thon émietté, égoutté
- 62,5 ml (¼ de tasse) de fromage gruyère râpé
- 1 douzaine de noix de Grenoble hachées
- Sel et poivre

Préparation

- Arroser les avocats du jus d'un demi citron et réserver
- Placer le reste des légumes dans un bol et arroser du jus d'un demi citron.
- Préparer une sauce avec l'huile, le jus de citron, le vinaigre et le jaune d'oeuf.
- Mélanger le tout et assaisonner.
- Ajouter les avocats, le thon égoutté, le fromage rapé et les noix de Grenoble et servir frais.

Vinaigrette ancestrale de base

DIFFICULTÉ |

NOTE SANTÉ | ♡ ♡ ♡ ♡ ♡

Ingrédients

- 5 ml (1 c. à thé) de moutarde de Dijon
- 1 gousse d'ail écrasée
- Sel et poivre
- 82 ml (1/3 de tasse) de vinaigre de cidre de pommes
- 165 ml (2/3 de tasse) d'huile végétale

Préparation

- Dans un bol, mélanger la moutarde, l'ail, le sel et le poivre. Ajouter le vinaigre et verser l'huile en filet.
- Cette vinaigrette se conserve environ 1 mois au réfrigérateur.

Vinaigrette au bleu

DIFFICULTÉ |

NOTE SANTÉ | ♡

Ingrédients

- 150 ml (2/3 tasse) de fromage bleu émietté
- 125 ml (½ tasse) de crème sûre
- 10 ml (2 c. à thé) de moutarde de Dijon ou de raifort
- 1 petite gousse d'ail écrasée
- 15 ml (1 c. à soupe) de vinaigre de cidre
- 2 ml (½ c. à thé) de poivre
- Une pincée de sel
- 75 ml (1/3 tasse) d'huile de canola

Préparation

- Mélanger le fromage bleu émietté, la crème sûre, la moutarde, l'ail, le vinaigre, le poivre et le sel. Verser l'huile en filet pour faire une émulsion.
- Utilisez cette vinaigrette sur de la roquette, du cresson, des endives, de la scarole, de la laitue frisée, sur une romaine croustillante ou même une iceberg; vous pouvez aussi la servir en trempette avec des crudités.
- Si vous désirez une vinaigrette plus claire, ajoutez du babeurre ou du lait jusqu'à l'obtention de la consistance désirée.

Vinaigrette au miel et à la moutarde

DIFFICULTÉ |

NOTE SANTÉ | ♡ ♡ ♡

Ingrédients

- 1 grosse gousse d'ail hachée
- 15 ml (1 c. à soupe) de miel
- 15 ml (1 c. à soupe) de moutarde à l'ancienne
- 30 ml (2 c. à soupe) de jus de citron
- 75 ml (5 c. à soupe) d'huile d'olive extra vierge

Préparation

- Mélanger les ingrédients (excepté l'huile). Ajouter l'huile en filet, en fouettant jusqu'à consistance lisse.
- Cette vinaigrette est délicieuse sur une laitue frisée rouge, de la roquette, des concombres en dés ou sur quelques tranches de viande.

Vinaigrette au pamplemousse

DIFFICULTÉ |

NOTE SANTÉ | ♡ ♡ ♡ ♡

Ingrédients

- 45 ml (3 c. à soupe) de jus de pamplemousse
- 60 ml (4 c. à soupe) d'huile d'olive
- 15 ml (1 c. à soupe) de vinaigre de cidre de pommes
- 5 ml (1 c. à thé) d'herbes fraîches hachées
- 5 ml (1 c. à thé) de miel liquide
- Sel et poivre

Préparation

- Faire la vinaigrette de pamplemousse en mélangeant tous les ingrédients.
- Servir sur de la roquette, de l'avocat ou votre salade favorite.

Ketchup express

DIFFICULTÉ |

NOTE SANTÉ | ♡ ♡ ♡

Préparation

- Bien mélanger tous les ingrédients dans un bol en verre. Peut se conserver au réfrigérateur jusqu'à 1 mois.

Variante

- Au lieu des tomates en boîte, ébouillanter (30 secondes) 4 tomates fraîches incisées en croix ; enlever la pelure.

- Passer au robot pour en faire une purée que vous utiliserez dans la recette.

Ingrédients

- 1 petite boîte de pâte de tomates
- 60 ml (4 c. à soupe) de cassonade
- 60 ml (4 c. à soupe) d'eau
- 30 ml (2 c. à soupe) de vinaigre de cidre de pommes
- 1,25 ml (¼ c. à thé) de moutarde sèche
- 1,25 ml (¼ c. à thé) de cannelle
- 1 pincée de clou de girofle moulu

Préparer son vinaigre soi-même

De plus en plus de gourmets désirent parfumer eux-mêmes leur vinaigre. Rien de plus facile! En ajoutant saveurs et aromates, un monde de possibilités santé s'ouvre sur des vinaigres aux visages multiples!

Vinaigre à la ciboulette

*Le vinaigre à la ciboulette est délicieux avec les poissons à chair blanche,
le riz, le risotto ou encore une salade de pâtes.*

Préparation	30 minutes
Cuisson	15 minutes
Macération	2 semaines

Ingrédients

- 250 ml (1 tasse) de vinaigre de cidre de pommes

- Fines herbes au choix (tiges de ciboulette comportant une gousse non éclose ou branche d'estragon)

- Choisir une bouteille que qu'on peut stériliser à l'eau bouillante.

Préparation

- Nettoyer les fines herbes et les assécher à l'aide d'un papier absorbant

- Pour la ciboulette comportant une gousse, la percer pour en expulser l'air (sans quoi les tiges resteront accrochées au haut de la bouteille !)

- Faire bouillir le vinaigre

- Glisser les fines herbes dans une jolie bouteille stérilisée, puis verser le vinaigre bouillant dessus

- Boucher et laisser macérer pendant au moins deux semaines, tête en bas.

Il est préférable de ne pas ajouter d'ail dans les mélanges pour éviter qu'il ne rancisse. Si on met de l'ail frais, conserver le vinaigre au réfrigérateur.

Vinaigre aux aromates

Employer ce vinaigre pour des vinaigrettes, des sauces ou avec des huîtres.
Préférer les échalotes grises, plus délicatement parfumées.

Préparation	30 minutes
Cuisson	10 minutes
Macération	10 à 15 jours

Ingrédients

- 2 bâtons de cannelle
- 2 fleurs de macis
- 15 ml (1 c. à soupe) de clous de girofle
- 15 ml (1 c. à soupe) de poivre noir en grains
- 15 ml (1 c. à soupe) de baies de piment de la Jamaïque
- 2 feuilles de laurier
- 4 piments rouges séchés
- 1 litre (4 tasses) de vinaigre de vin blanc ou rouge

Préparation

- Mettre dans une casserole les épices, le laurier émietté et les piments, recouvrir de vinaigre et mélanger.

- Porter jusqu'au point d'ébullition, mais ne pas laisser bouillir.

- Laisser refroidir, puis verser le mélange dans une bouteille propre et sèche et fermer hermétiquement.

- Ranger dans un endroit frais et sec et attendre dix à quinze jours avant de consommer.

- Goûter et au cas où le vinaigre est trop fort, délayer en ajoutant du vinaigre.

- Si la bouteille est trop petite, verser une partie du mélange dans une autre bouteille propre et sèche, en répartissant bien les divers ingrédients entre les deux bouteilles avant d'ajouter du vinaigre.

Vinaigre aux agrumes

Ce vinaigre piquant est parfait pour une vinaigrette, une mayonnaise avec de la volaille ou pour des fruits de mer. Il peut servir pour assaisonner les salades mixtes avec des fruits, endives et oranges ou mandarines, du céleri en branches avec orange.

Préparation	20 minutes
Cuisson	15 minutes
Macération	2 semaines

Ingrédients

- 2 citrons
- 2 citrons verts
- ½ orange
- Une pincée de paprika
- Poivre
- Sel

Préparation

- Prélever le zeste d'un des deux citrons, des citrons verts et de la ½ orange et les râper

- Placer dans une casserole les zestes râpés et le jus d'un citron vert.

- Ajouter le paprika, le poivre et le sel. Recouvrir de vinaigre et mélanger.

- Porter jusqu'au point d'ébullition, mais ne pas laisser bouillir.

- Laisser refroidir, puis verser le mélange dans une bouteille propre et sèche et fermer hermétiquement.

- Ranger dans un endroit chaud et ensoleillé en agitant la bouteille de temps à autre.

- Attendre quinze jours avant de consommer. Filtrer le vinaigre dans un tamis recouvert d'une mousseline, puis le transvaser dans une bouteille propre et sèche.

- Fermer hermétiquement.

Vinaigre aux herbes fraîches

Accompagne merveilleusement la vinaigrette ou la mayonnaise pour le saumon poché, le poulet, le filet de porc fumé, les pâtes, les avocats, les tomates.

Préparation	20 minutes
Macération	Minimum 2 semaines

Ingrédients

- 1 litre (4 tasses) de vinaigre de vin rouge ou blanc selon le goût

- 2 gerbes d'une herbe ou d'un mélange d'herbes au choix grossièrement hachées (basilic, menthe, thym, marjolaine, origan etc...)

Préparation

- Placer les herbes nettoyées, lavées et parfaitement séchées dans une bouteille à large goulot.

- Y verser le vinaigre et fermer hermétiquement.

- Placer la bouteille dans un endroit obscur pour que les herbes ne se décolorent pas.

- Laisser macérer en secouant la bouteille tous les jours pendant 15 jours.

- Au bout de 15 jours, goûter, et si le vinaigre n'est pas assez parfumé, filtrer et recommencer l'opération avec des herbes fraîches.

- Conserver tel quel ou filtrer à nouveau et conserver dans une bouteille bien propre.

Vinaigre à l'estragon

Utiliser ce vinaigre pour les sauces à salade. Utiliser des baies roses séchées.

Préparation   20 minutes

Cuisson   Faire chauffer le vinaigre

Macération   15 jours à 1 mois

Ingrédients

- 1 litre (4 tasses) de vinaigre de vin blanc
- 3 tiges d'estragon
- 3 cuillères à soupe de baies roses légèrement écrasées

Préparation

- Placer l'estragon et les baies roses dans une bouteille.
- Verser le vinaigre (chaud).
- Laisser macérer 15 jours ou mieux 1 mois.

Vinaigre à l'échalote

Utiliser ce vinaigre dans des vinaigrettes, des sauces ou avec des huîtres.
Choisir de préférence des échalotes grises, plus délicatement parfumées.

Préparation   20 minutes

Macération   15 jours à 1 mois

Préparation

- Peler et couper les échalotes.
- Les placer dans une bouteille à large goulot.
- Verser le vinaigre par dessus.
- Laisser macérer I5 jours à 1 mois environ.
- Filtrer et conserver dans une bouteille parfaitement propre.

Ingrédients

- 100 g (½ tasse) d'échalotes grises
- 1 litre (4 tasses) de vinaigre de vin blanc

Vinaigre balsamique au chili et aux piments jalapenos

Un vinaigre explosif pour donner du tonus à vos mets préférés.

Préparation	20 minutes
Cuisson	Faire chauffer le vinaigre
Macération	15 jours

Ingrédients

- 500 ml (2 tasses) de vinaigre balsamique
- 30 g (2 c. à soupe) de chili broyé
- 2 piments jalapenos finement tranchés

Préparation

- Amener le vinaigre balsamique à faible ébullition.
- Incorporer le chili broyé et les tranches de jalapeno.
- Faire frémir à feu moyen de 3 à 5 minutes.
- Retirer du feu et laisser refroidir.
- Verser le mélange dans une bouteille très propre.
- Laisser macérer environ 2 semaines au garde-manger et filtrer à la fine passoire.
- Reverser dans une bouteille très propre et conserver dans un endroit frais à l'abri de la lumière.

Vinaigre à l'ancienne aux pétales de souci

Ce vinaigre très parfumé s'emploie avec des salades, du riz, des légumes et des viandes.

Préparation	20 minutes
Macération	Minimum 10 jours

Ingrédients

- 100 g (½ tasse) de pétales de souci
- 1 litre (4 tasses) de vinaigre de vin blanc

Préparation

- Enlever les éperons et sécher soigneusement les pétales de souci.
- Placer les pétales dans une bouteille propre et sèche à large goulot.
- Ajouter le vinaigre.
- Fermer hermétiquement et placer dans un endroit ensoleillé pour que le parfum des pétales de souci imprègne bien le vinaigre.
- Attendre une dizaine de jours en remuant la bouteille de temps à autre.
- Filtrer le vinaigre dans un tamis recouvert d'une mousseline, puis transvaser dans une bouteille propre et sèche.
- Fermer hermétiquement et garder dans un endroit frais et sec à l'abri de la lumière.

Vinaigre à l'ancienne aux pétales de roses

Préparation	20 minutes
Macération	Minimum 10 jours

Ingrédients

- 75 g (1/3 de tasse) de pétales de rose
- 1 litre (4 tasses) de vinaigre de vin blanc

On peut trouver mille et un usages pour ce vinaigre aux pétales de roses et ne plus pouvoir s'en passer, de la cuisine à la toilette. Choisir des pétales de roses rouges très parfumées. Avec 8 mesures d'eau distillée pour une mesure de vinaigre, on obtient une agréable lotion tonique et astringente, cicatrisante pour les soins de beauté. Cette lotion aide à faire cicatriser les boutons d'acné, et est excellente après les coups de soleil.

Une cuillerée de ce vinaigre dans une tasse d'eau tiède fait de bons gargarismes contre les maux de gorge et les inflammations des muqueuses buccales.

Préparation

- Enlever soigneusement les talons blancs des pétales.
- Placer les pétales dans une bouteille propre et sèche à large goulot.
- Ajouter le vinaigre.
- Fermer hermétiquement et placer dans un endroit ensoleillé pour que le parfum des pétales de rose imprègne bien le vinaigre.
- Attendre une dizaine de jours en remuant la bouteille de temps à autre.
- Filtrer le vinaigre dans un tamis recouvert d'une mousseline, puis transvaser dans une bouteille propre et sèche.
- Fermer hermétiquement et garder dans un endroit frais et sec à l'abri de la lumière.

Variante

- 75 grammes (1/3 de tasse) d'un mélange de pétales de roses, d'estragon et de lavande (25 grammes de chaque) et 1 litre (4 tasses) de vinaigre de vin blanc. Procéder de la même manière que pour le vinaigre de pétales de roses.

Vinaigre aux framboises

Fabuleux avec le canard, les abats, les fruits de mer ou les gésiers.
Un vinaigre pour la gastronomie.

Préparation	20 minutes
Macération	3 jours

Ingrédients

- 450 g (1 livre) de framboises fraîches
- 600 ml (2 tasses ¼) de vinaigre de vin blanc

Préparation

- Réserver 6 framboises et mettre les autres dans un saladier et les écraser pour en faire sortir le jus.

- Verser le vinaigre sur les framboises, couvrir avec un linge et laisser infuser 24h à température ambiante.

- Filtrer.

- Mettre les 6 framboises dans une bouteille de 750 ml (3 tasses) verser le mélange vinaigre/framboises.

- Fermer hermétiquement et laisser reposer 3 jours avant de l'utiliser.

Index

A

Acetobacter   23, 24

Acné   44, 59, 208

Agrumes   9, 11, 27, 35, 130, 203

Ail   19, 25, 92

Ananas   187

Angine   45

Antibactérien   16, 51, 58, 70

Antoine   15, 22

Arthrite   44

Asthme   45

Assouplissant   33, 80

Avocat   10, 192, 195, 204

B

Bijoux   85

Bleuet   7, 31

Boerhaave (Hermann)   23

Bottes   84, 103

Braisé de bœuf   9, 37, 139

Brûlures   46, 48

C

Canola (huile)   173, 180, 193

Carré de porc   8, 35, 95

Céleri   10, 139, 153, 187, 192, 203

Céleri-rave   179

Cellulite   52, 64

Champignons (aliments)   9, 10, 23, 36, 126, 140, 143, 161, 179, 192

Champignons (infections)   45, 53

Chats   83, 84

Chine   29, 30

Cholestérol   43, 37, 55, 132

Chou   10, 16, 92, 171, 188, 192

Ciboulette   11, 112, 158, 171, 184, 187, 201

Citron   10, 18, 70, 72, 75, 77, 79, 80, 161, 179, 180, 190, 192, 195, 203,

Cléopâtre   7, 15

Congélateur   72

Constipation   43, 52

Coups de soleil   46, 208

Crème hydratante   58

Crevasses   47

Cuisinière   72

D

Darnes de saumon   9, 37, 110

Démangeaisons   45, 48, 51, 69

Dépôt de calcaire   76, 78, 83

Dermatose   48

Diabète   47

Digestion   52

Douleurs musculaires   44, 48

E

Eau de repassage   80

Échalote   11, 18, 25, 92, 103, 105, 106, 145, 172, 175, 183, 202, 205

Émincé de bœuf   9, 140

Épices   18, 19, 95, 98, 117, 118, 125, 202

Épinard   10, 18, 35, 176, 178

Escalopes de veau   9, 27, 36, 112, 143

F

Fleurs coupées   83

Filets de porc   8, 36, 97, 204

Filets de truite   9, 37, 108

Foie de veau   9, 36, 137, 146, 148

Foulure   49

Four (nettoyage)   69

Fourmis   69, 82

France   20, 105

Frilosité   49

G

Gaspacho   10, 27, 155

Glycémie   47

H

Hannibal   18

Hippocrate   16

Hoquet   49

I

Inde   16, 17, 19

Infections urinaires   50

Insectes   16, 43, 45, 71, 83

Insomnie   50

Italie   18, 20, 106, 178

J

Jambon   8, 91

Japon   29, 55

L

Laitue   83, 123, 173, 175, 187, 188, 193

Lapin   9, 129

Lave-vaisselle   72, 73

Légumineuses   10, 24, 180

Lotion raffermissante   59

M

Magrets de canard   9, 37, 130, 132

Masque calmant   59

Maux de gorge   50, 208

Maux de tête   50

Mauvaise herbe   82

Maigrir   52

Médaillons de veau   9, 36, 145

Méduses   45

Meubles   69, 77

Moustiques   45, 53

N

Nausée   51

Nervosité   50

Nettoyant multi-usage   33, 43, 70, 72, 79

Nettoyant calmant   58

Nettoyant pour peau sèche   58

Nettoyant pour la toilette   79

O

Oreilles (soin des)   48, 51

Orties   45

P

Percolateur   74

Pieds (odeurs)   45

Pieds d'athlète   53

Pinceaux   85

Piqûres   16, 45

Plaies   48

Plomberie   84

Posca   17

Poux   46, 65

Pression   51

R

Réfrigérateur   72

Relaxation   63

Rhume   54

Rôti de porc   8, 27, 37, 92

S

Saumon   9, 37, 110, 112

Soupe-repas   10

Stahl (Georg Ernst)   23

Surplus de poids   54

T

Taches de café   75

Taches de vieillesse   63

Tamago-Su   55

Teigne   83

Tite-Live   18

Transpiration   80

V

Vaginites   54

Varices   54

Vinaigre balsamique   7, 8, 9, 11, 26, 27, 36, 95, 97, 98, 107, 118, 120, 124, 125, 143, 145, 146, 158, 162, 166, 184, 206

Vinaigre de Banyuls   7, 28, 165

Vinaigre de bière ou de malt   7, 28

Vinaigre blanc pur   7, 33, 48, 72, 74, 75, 76, 78, 81, 82, 83, 84, 85

Vinaigre de bleuets   7, 31

Vinaigre de cidre de pommes   7, 8, 21, 30, 31, 37, 43, 44, 45, 47, 48, 49, 50, 52, 53, 54, 57, 58, 59, 60, 61, 62, 63, 64, 65, 66, 67, 83, 91, 92, 108, 110, 117, 126, 139, 156, 171, 172, 175, 176, 178, 180, 183, 186, 187, 188, 190, 195, 196, 201

Vinaigre d'Orléans   7, 26

Vinaigre de fleurs   65, 66

Vinaigre de Reims   7, 26

Vinaigre de riz et d'Orient   7, 8, 9, 16, 29, 55, 103, 123

Vinaigre de roses   66

Vinaigre de sève   7, 16, 31

Vinaigre de Toddy   7, 32

Vinaigre de vin   7, 20, 25, 26, 35, 95, 105, 130, 146, 161, 173, 176, 202, 204, 205, 207, 208, 209

Vinaigre de voyage   67

Vinaigre de xérès   7, 9, 27, 129, 132, 137, 155

Vinaigre des « Quatre voleurs »   21, 22

Vitres propres   71

Verjus   18, 20

Vomissements   46